ITALIA / ITALIE

eχtra

direzione editoriale:
Calogero Garlisi

redazione:
Eugenio Nastri, Cristiana Mossotti

commerciale e amministrazione:
Marco Bianchi, Donatella Baccolini

realizzazione editoriale:
Veronica Bonalumi

ISBN 978-88-99316-20-4

Novecento Editore è un marchio Novecento media srl

via Carlo Tenca, 7 - 20124, Milano
www.novecentoeditore.it - info@novecentoeditore.it

Antonino Galloni

L'economia imperfetta

Catastrofe del capitalismo o rivincita del lavoro?

Novecento Editore

Indice

L'attualità del capitalismo ultrafinanziario e le sue alternative

Premessa

Questo testo non è un'autobiografia, ma contiene una serie di testimonianze e riferimenti che, per ragioni personali, familiari e professionali, mi ha portato a stretto contatto con i protagonisti di circa cinquant'anni di Storia e con molti avvenimenti, alcuni anche tragici, di essa. Nella mia ricostruzione è centrale l'aspetto economico o, più precisamente, macroeconomico; tuttavia, i collegamenti, sia con il quotidiano e la microeconomia, sia con la politica e con la Storia, sono evidenti. Ovviamente, saranno molti i riferimenti al mio Paese, l'Italia; però, anche a prescindere dalle varie esperienze nella restante Europa, in Nordamerica, Africa e Australia, il ragionamento prevalente riguarderà i modelli economici molto più che l'esperienza nazionale.

In fondo, l'imperfezione dell'economia – che non viene considerata una "scienza" in senso stretto, ma un ambito, una materia, un campo di indagine – agevola lo studio delle interconnessioni con gli altri aspetti della società: se l'economia fosse stata "ripetibile" in ogni sua manifestazione (e, quindi, passibile di approccio scientifico in senso stretto) e non intrinsecamente imperfetta (infatti, ciò che viene considerato come costo da minimizzare nella microeconomia, risulta poi valore da massimizzare nella macro), gli eventi qui trattati sarebbero andati ben diversamente. D'altra parte, anche le cosiddette Scienze (si pensi alla medicina, all'energia, all'ambiente, comprese le stesse problematiche del clima – come si cercherà di vedere più avanti nel testo – tanto connesse alle tematiche economiche) si prestano a manipolazioni di tutti i tipi che risultano decisive per portare le grandi masse di elettori a sostenere un progetto/programma invece di un altro.

Come si cercherà di dire, infatti, nei momenti "decisivi" per la Storia, fior di "scienziati" forniranno interpretazioni semplificatrici che, accolte con entusiasmo dalla politica (che, a volte decide senza consultare gli elettori, a volte approfitta delle manipolazioni in cui si confondono gli aspetti emotivi con il reale andamento degli avvenimenti), chiuderanno l'uscio in faccia alle vere possibilità di cambiamento e apriranno fasi in cui si realizzerà l'esatto contrario di quanto promesso. Come si cercherà di vedere, ciò non sarà mai a caso, ma connesso intimamente a modelli economici con caratteristiche ben precise (chi vince e chi perde in termini di classi sociali e di singoli).

Così, nella prima parte del testo, si affronteranno i cinque modelli capitalistici che sono stati sperimentati dalla fine del secondo conflitto mondiale ad oggi (anche se il testo partirà dalla fine degli anni sessanta): 1) il modello espansivo, dagli accordi di Bretton Woods del 1944 al G7 di Tokyo del 1979; 2) la rivincita dei proprietari grazie agli alti tassi di interesse (1980-1992); 3) il (classico) capitalismo finanziario dal 1992 al 2001; 4) in seguito, la novità del capitalismo "ultrafinanziario"; 5) infine, dopo la crisi del 2008, la sua versione collateralizzata (tutt'ora in corso) con l'intervento costante e decisivo delle Banche Centrali, non più "prestatrici di ultima istanza", ma generatrici continue di mezzi monetari di tutti i tipi, grazie, appunto, alla collateralizzazione di una massa crescente e incontrollabile di titoli, in gran parte "tossici".

Nella seconda parte, infatti, la tematica del nuovo capitalismo ultrafinanziario nella sua versione "semplice" dal 2001 al 2008 ed in quella collateralizzata in seguito – sarà messa a fuoco alla luce dell'emergere di realtà geopolitiche importanti, come i BRICS (Brasile, Russia, India, Cina, Sudafrica) e altri; e si tenterà un bilancio dei vari modelli finora sperimentati.

Nella terza parte del testo, infine, si cercherà di affrontare il tema di un superamento del capitalismo stesso, con modelli economici alternativi di cui si tenterà di analizzare la sostenibilità: ciò dipende dalle situazioni che il cosiddetto capitalismo ultrafinanziario – che massimizza la quantità dei titoli in circolazione – crea, a differenza di quello classico, finanziario, che, invece, puntava e punta (perché i modelli vengono via via superati, ma mai completamente cancellati dagli altri) alla massimizzazione del valore dei titoli.

Modelli capitalistici differenti

1. Anni '70: come sfumò la grande occasione di superare il capitalismo

1.1 Da dove partiamo

Alla fine degli anni Sessanta, il mondo stava dando segnali di grandi cambiamenti: a) lo sviluppo delle forze produttive, anche grazie al confronto tra cosiddetto Occidente democratico e mondo a socialismo o comunismo reale, indicava, per la prima volta negli ultimi 4-5.000 anni, che era possibile superare la scarsità (ciò risultò agevolato dai modelli consumistici che spingevano nel senso della massimizzazione della produzione e delle vendite, come si vedrà tra poco); b) condizionati o meno dai mezzi di informazione e dalla pubblicità, i consumatori cominciavano a dettare regole e tipologie merceologiche ai produttori che, fino agli anni '60, avevano deciso come e cosa produrre; c) premessa di tutto ciò era stata la cosiddetta liberazione sessuale, strettamente imparentata con l'emancipazione femminile, che aveva avuto un ruolo cruciale nello sviluppo della manifattura di punta, quella degli elettrodomestici (e, ovviamente, non solo); d) per le ragioni che meglio si approfondiranno, si andava sviluppando la classe media, grazie all'accesso a migliori condizioni di vita per quelli che, fino a poco tempo prima, venivano indicati come produttori/lavoratori/proletari e ciò anche a scapito dei proprietari dei mezzi di produzione; e) conseguentemente, la politica tirava "verso sinistra", vale a dire nel senso della partecipazione democratica e dell'aumento delle aspettative di miglioramento economico per la grande massa della popolazione (ciò cominciò a porre il problema della sostenibilità – a vari livelli – di tale visione del mondo, ma, andrebbe subito sottolineato come l'impostazione di partire dalle richieste della gente, invece che dalla disponibilità di risorse, funzionasse egregiamente); f) il modello portava ad una continua erosione dei profitti in relazione all'investimento (la proprietà) che, in un contesto di bassi tassi di interesse, spingeva a favorire il passaggio delle industrie in mani pubbliche, a loro volta più interessate allo sviluppo reale che alle performances finanziarie.

Limitiamoci, per ora, a questi sei aspetti ed alla loro conseguenza logica: una reazione da parte di chi si sentiva scavalcato dai grandi cambiamenti culturali degli anni '60 che portarono a situazioni esplosive durante il decennio successivo di cui, però – è questa una delle tesi centrali di chi scrive – non ebbe sufficiente consapevolezza proprio chi avrebbe dovuto portare a compimento il processo di superamento dei vecchi schemi nell'ambito dell'economia e della Società.

1.2 Superamento della scarsità e mercato

Si può dire che, fino alla prima parte degli anni '60, il mercato era rimasto saldamente nelle mani dei produttori: erano questi ultimi che decidevano cosa produrre, valutando le capacità di assorbimento dei mercati stessi e giocandosi la partita in base alla necessità che la gran parte della gente aveva di cibo, vestiario, beni di consumo durevole e quant'altro. Nel momento in cui le forze produttive raggiunsero la capacità di soddisfare le esigenze materiali della gente in termini quantitativi, la situazione, dentro i cosiddetti mercati, si capovolse a favore dei consumatori – categoria pur fortemente influenzabile dalla pubblicità e dalle mode – che, così, diventarono protagonisti. Qui, forse, sarebbe il caso di aprire una parentesi per definire cosa si intende per mercato: 1) l'insieme dei consumatori (anche lo Stato lo è) che "assorbe" i prodotti disponibili; 2) l'insieme dei consumatori che "sceglie" tra i beni e i servizi disponibili; 3) alcuni operatori, ad esempio, le banche, che si trovano a decidere acquisti di titoli (in questo senso si dice "operazioni a mercato aperto"[(1)], espressione che va ammessa perché di uso comune, ma poco rappresentativa del fenomeno del mercato stesso).

Qui si parla del cruciale passaggio dal mercato che assorbe il disponibile al mercato che sceglie entro il disponibile (quantitativamente abbondante).

Così, si passa da una situazione lineare, di dominio dei produttori, se c'è scarsità strutturale (tecnologica) nell'offerta, a situazioni complesse, se la scarsità stessa viene superata ed i consumatori impongono gusti e scelte: dunque, il mercato viene visto come "strumento" fondamentale delle economie caratterizzate da sovrabbondanza dell'offerta perché consente la selezione dei produttori (ovviamente, quelli più forti saranno in grado di condizionare i compratori e spenderanno, in questo, di più di quelli che sono gli stessi costi diretti di produzione!).

Centralità e strumentalità del mercato sono dunque due caratteristiche delle economie democratiche che vogliono contrapporsi, nel secondo dopoguerra, ai regimi socialisti senza mercato; ma, come vedremo in seguito, il tradimento della strumentalità del mercato (per proporne la sua onnipotenza, dopo gli anni '70) determinerà conseguenze irreparabili per le democrazie, proprio quando i regimi antidemocratici e senza mercato cominceranno ad avviarsi verso la loro fine.

Si può, dunque, dire che, per i beni di largo consumo, il nesso causale vada da aumentate capacità produttive a mutamenti nei gusti dei consumatori; non viceversa, come sarebbe nel caso di produzioni limitate o di qualità dove prevalga il peso del committente.

Quindi, l'elemento quantitativo determina il mutamento qualitativo: se i Paesi cosiddetti comunisti avessero avuto la capacità di approntare beni di largo consumo in quantità abbondante, i cittadini avrebbero cominciato a selezionarli in base ai loro gusti[2].

Ovviamente, occorre una determinata capacità di acquisto da parte dei consumatori stessi, ma, se le capacità produttive sono sufficienti, il mercato rimane in mano ai consumatori – anzi, la situazione si aggrava per i produttori – persino se i redditi si contraggono. Quindi, se non c'è reddito (capacità di acquisto) i produttori approntano beni solo per sé stessi ed il proprio sostentamento anche scambiandoseli tra loro e iniziando forme di specializzazione; viceversa, se ci fosse reddito, ma nessuna capacità di produrre, il risultato sociale sarebbe nullo: se ne deduce che si parte dalla produzione e dalle sue condizioni tecniche/tecnologiche e si va avanti. Il reddito è solo strumentale in una società economicamente evoluta, il che, come vedremo (ed è un'altra tesi centrale del presente testo), anche affrontando il tema delle monete complementari, non significa altrettanto evoluta politicamente.

1.3 L'obiettivo della massimizzazione delle vendite

Durante questo periodo di capitalismo espansivo (1944-1979) ed in modo crescente durante gli anni '70 qui in esame, l'obiettivo dell'impresa è la massimizzazione delle vendite (ciò comporta anche la massimizzazione del profitto lordo, ma riduce il saggio di esso, vale a dire l'incidenza del profitto sull'investimento); in un contesto di bassa redditività del risparmio o capitale (sono modesti i tassi di interesse sulle obbligazioni, anzi negativi quelli reali, quando – proprio durante gli anni '70 – l'inflazione comincerà a mordere e supererà il livello nominale di tali tassi), i proprietari dei mezzi di produzione o risparmiatori o capitalisti si troveranno con scarso potere decisionale. Infatti, i manager potranno espandere la produzione fino a che la redditività dell'ultimo pezzo prodotto eguaglierà il rendimento del capitale obbligazionario (basso fino a tutti gli anni '60, tendenzialmente negativo fino alle svolte successive al 1980). I proprietari, però, avranno il vantaggio di veder crescere esponenzialmente il valore dei loro patrimoni: il valore dell'impresa, infatti, dipende dalle prospettive di guadagno e queste ultime erano notevoli perché i redditi, la produzione e le vendite tendevano ad aumentare costantemente (ovvero le attese si muovevano in tale direzione).

Due fattori contribuiscono alla dinamica testè accennata: l'applicazione della cosiddetta regola aurea di Cambridge e l'intervento pubblico nell'economia.

La prima si occupava della distribuzione dei guadagni di produttività (l'indicatore principale in un'economia capitalistica: ditemi a chi vanno tali guadagni e vi dirò in che tipo di capitalismo siamo); essa consentiva di sostenere l'impatto della trasformazione tecnologica e di far crescere la domanda di prodotti da parte dei lavoratori stessi. Funzionale a tale logica era il ruolo dei sindacati che dovevano semplicemente assicurarsi continui aumenti salariali: ciò avrebbe consentito di riassorbire i risparmi di lavoro conseguenti alla introduzione di tecnologie, la cui convenienza – per le imprese – consisteva, appunto, nella sostituzione di fattori crescentemente costosi. In altri termini, si riduceva la contraddizione tra microeconomia – che voleva ridurre i costi – e macroeconomia che voleva far crescere il reddito.

Ciò ha fatto la differenza tra i Paesi sviluppati e quelli no: la democrazia, i salari crescenti, le libertà sindacali. Dove presenti, essi hanno reso più conveniente – per le imprese – la introduzione di tecnologie avanzate ed innovative; dove, invece, assenti hanno ridotto tale convenienza, col risultato di avere redditi da lavoro più contenuti, ritardo tecnologico e arretratezza.

L'altro fattore è costituito dall'intervento pubblico nell'economia: attraverso la tassazione progressiva e la spesa in disavanzo, le classi medie venivano sgravate dagli impegni più importanti (la scuola, la sanità, i trasporti, ecc.), potendo così destinare ai consumi la maggior parte del loro reddito. La spesa pubblica in disavanzo, peraltro, favoriva il drenaggio del risparmio in eccesso(3) mediante l'emissione di titoli a basso tasso di interesse o, come si è accennato, a tasso reale negativo, quando c'era inflazione; se la domanda di tali titoli fletteva (per via dell'inflazione), la Banca Centrale acquistava l'invenduto – stampando moneta che metteva al proprio passivo di bilancio(4) – mentre il Tesoro rimaneva depositario del potere di stabilire il tasso di interesse nominale. Se c'era deflazione, il tasso reale aumentava e, con esso, il drenaggio del risparmio in eccesso che contribuiva a causare detta deflazione.

Se c'era inflazione, invece, il Tesoro poteva aumentare il tasso di interesse (o di sconto) nominale se voleva mantenere invariato un determinato tasso reale; oppure lasciar correre (anche facendo crescere il tasso nominale più lentamente dell'inflazione) allo scopo di rendere meno costosa la spesa pubblica in disavanzo. Ovviamente, quest'ultima, in ogni caso, generava effetti espansivi maggiori di quelli opposti, derivanti da un aumento delle tasse e poteva venir finanziata direttamente con emissioni monetarie, visto che la nuova moneta difficilmente avrebbe stimolato inflazione in un contesto di non più scarsità; ma il superamento della scarsità produttiva alla fine degli anni '60 fu subito seguito dall'inizio di un'inflazione da costi che caratterizzò gran parte del decennio successivo; d'altra parte, un eccesso di moneta poteva solo venir drenato da un aumento delle tasse o dal debito pubblico.

Dunque, proprietari, risparmiatori e capitalisti non erano soddisfatti perché la pur fruttuosa valorizzazione dei loro patrimoni si accompagnava ad una evidente caduta del loro peso o potere nell'impresa e nella società in disavanzo.

Iniziò, dunque, una lunga e coordinata azione internazionale e nazionale per ribaltare la situazione così tanto favorevole ai lavoratori, al ceto medio, alla partecipazione democratica; se la reazione dei proprietari si spiega tenendo conto dei loro interessi (non tanto materiali, quanto di peso nella società e nell'impresa, argomento con cui inizierà il prossimo capitolo), molto più spinoso è capire perché chi stava – forse per la prima volta nella Storia – capovolgendo la propria subalternità avesse deciso di non portare fino in fondo ciò che, chiaramente, si stava delineando.

Un superamento del capitalismo, infatti, spiegava il terrore della classe capitalistica, ma non le paure dei ceti sociali che stavano capovolgendo gli atavici retaggi.

La parte più avanzata dei movimenti di protesta degli anni '60 – che ebbero una parte rilevantissima negli importanti cambiamenti culturali successivi – propugnava il superamento del capitalismo.

Ma non vide che la Storia lo stava conseguendo e, invece di completare l'opera, si mise di traverso.

A questo fenomeno contribuì, sostanzialmente, l'evoluzione della cultura ambientalistica che aveva modificato l'originaria impostazione dei movimenti di protesta (nati sul terreno della "sete di giustizia" a favore di tutti), in una opposizione a quanto si verificava per il conseguimento di profitto. Così, l'enfasi passò dal momento liberatorio e rivoluzionario (individuale e collettivo) al mito della resistenza contro un sistema che stava sottraendo risorse alle persone ed all'ambiente.

Per quanto riguarda quest'ultimo, è noto come tale critica fosse sorta – ufficialmente all'inizio degli anni '70 – in ambienti notevolmente conservatori (anche in termini politici). Il rapporto del Club di Roma (1972), dal titolo "I limiti dello sviluppo", riesumava una concezione malthusiana del rapporto tra crescita demografica esponenziale e andamento decrescente della produzione (dovuta all'aumento dei costi di produzione); proponendo una visione neomalthusiana, in cui la insostenibilità era dovuta alla limitatezza delle risorse fisiche del pianeta, in relazione alla crescente domanda di beni da parte di una popolazione mondiale fino a quel momento lontana dal consumismo di massa dei Paesi di più antica industrializzazione; ma che, di lì a poco, si sarebbe affacciata sul teatro dell'integrazione nello sviluppo economico mondiale.

La concezione malthusiana si era dimostrata errata per la semplicissima ragione che la tecnologia consentiva, invece, una continua diminuzione dei costi per unità di prodotto; ma anche quella neomaltusiana del Club di Roma conteneva un evidente errore di impostazione. Essa, infatti, si basava su un'equazione lineare che indicava – ad un certo punto – il raggiungimento di un limite in quanto le risorse fisiche del pianeta non erano inesauribili, mentre la domanda di beni di consumo (se tutti i Paesi del pianeta stesso avessero raggiunto il livello di sviluppo di USA o Europa) sarebbe cresciuta in modo non controllabile. In realtà, l'equazione che può riassumere la dinamica descritta appare non lineare perché – di norma – al crescere delle quantità domandate (e delle risorse che diventano scarse) si oppone proprio la logica economica: per contenere i costi si introduce tecnologia che riduce la quantità di agenti inquinanti e risorse divenute pregiate (in quanto più scarse) per unità di prodotto. Tale processo si può rafforzare con normative antinquinamento, ad esempio, che, però, richiedono anche un controllo sulle importazioni; esattamente quanto non sarà fatto vent'anni dopo, con le "riforme" del commercio internazionale.

Così, al superamento dei limiti finanziari dello sviluppo (la moneta non è più legata all'oro) e tecnici (l'offerta può sempre adeguarsi alla domanda e la limitazione di quest'ultima dipende dall'ordine politico non dalla impossibilità di produrre oltre), si oppone un altro e ben diverso limite. Quello imposto dagli scienziati dell'ambiente che, attraverso un'errata equazione lineare di facile comprensibilità, contribuiscono al rafforzamento di una cultura "neoconservatrice" che sarà fondamentale per evitare il superamento del capitalismo, tornare alle origini ottocentesche di darwiniana memoria, riportare in auge i proprietari dei mezzi di produzione ed il risparmio.

Che la cultura neoconservatrice dell'ambientalismo non scientifico sia stata organica e strumentale alla rivincita delle vecchie concezioni e delle vecchie classi capitalistiche, non c'è dubbio; meno chiaro è come e perché tale cultura abbia potuto permeare di sé, in modo tanto forte, i movimenti rivoluzionari e democratici. Certamente, anche qui, occorrerebbe introdurre variabili non quantificabili (soprattutto l'irrazionalità delle visioni del mondo prevalenti), ma il problema del "perchè" non può non essere sollevato. Senza perdersi in ragionamenti psicologici e filosofici che esulano dalla presente ricerca, cerchiamo, allora, di andare con ordine, di ricostruire l'esperienza di alcune di quelle vicende.

1.4 Prima testimonianza

La mia esperienza politica cominciò casualmente la mattina del primo marzo 1968 a Valle Giulia (Roma), quando, non ancora quindicenne, avendo marinato la scuola non mi ricordo per quale motivo, dovetti scendere dal tram perché erano in corso scontri ferocissimi tra studenti e polizia, nelle vicinanze della facoltà di Architettura. In quel momento, vidi i poliziotti togliersi le giacche e scappare, mentre gli inseguitori apparivano, chiaramente, appartenere a fazioni politiche diverse: estrema destra ed estrema sinistra si erano unite per fare qualcosa ed avevano ottenuto un risultato evidente. Dopo quell'evento prevalsero le divisioni tra i due fronti, ma io mi sentivo più vicino all'estrema sinistra in quanto i valori prevalenti di essa sembravano coerenti (di quella coerenza integralista che può costituire una forza esagerata e devastante) a quanto il mio spirito avesse dedotto, negli anni dell'infanzia e della prima adolescenza, dalla lettura dell'Antico e, soprattutto, del Nuovo Testamento: il superamento delle ipocrisie che il vecchio ordine (Chiesa compresa) non voleva accettare; un processo di liberazione integrale che, quindi, non poteva condannare nessuno alla ripetizione di pratiche non condivise, si trattasse di studio, di lavoro, di sessualità, di fede.

Tuttavia, le mie primissime frequentazioni, dopo essere stato cacciato dalla Parrocchia (mio fratello sacerdote, in seguito, mi spiegò, ingiustamente), si rivelarono "miste", perché una parte della destra sociale era ancora in mezzo a movimenti anarcoidi, mezzo-nichilisti e via dicendo. Così, all'inizio, condivisi esperienze di piazza con altri ragazzi (un po' più grandi di me) con i quali ci chiamavamo "compagni" e che, tuttavia, mi introdussero a Il Pensiero Nazionale di Stanis Ruinas che, apprezzando le mie qualità scrittorie, mi commissionò una serie di articoli di denuncia sociale a riguardo dei miei coetanei e coetanee che si trovavano a vivere esperienze lavorative nelle fabbriche della periferia romana. In seguito, si pose, nel gruppo, il grande problema: dato che una rivoluzione, in Italia, non sarebbe potuta avvenire prima di almeno un decennio, perché non seguire le orme del Che Guevara (l'antiamericanismo dell'estrema destra portava a farne un mito comune) e partire per la Bolivia? Detto fatto, eccoci a Genova equipaggiati come clandestini per l'imbarco: più di qualcosa non poteva non andare storto e, per nostra fortuna, ci ritrovammo – psicologicamente sconfitti – di ritorno a Roma.

Le nostre famiglie ci contrastavano in tutti i modi, anche se il mio sembrava un caso più unico che raro essendo mio padre uno dei personaggi più di spicco del partito di maggioranza relativa, la Democrazia Cristiana; il punto è che, per l'estrema sinistra o sinistra cosiddetta extraparlamentare, la DC non contava niente (ciò durò per quasi dieci anni) perché la forza politica da contrastare sembrava il Partito Comunista Italiano che ci impediva un rapporto organico con la classe operaia[5] e si preparava a prendere il potere. Mio padre, ad esempio, non osteggiava le mie idee, anzi, tante volte anche parlando con altri democristiani evoluti (della sinistra politica e della sinistra sociale), si conveniva sulla fondatezza di molte nostre tesi e ciò spiega perché, ad un certo punto, i più estremisti, dopo un po', diverranno proprio i figli dei democristiani e i derivati di ambienti cattolici; i nostri coetanei, figli della nomenclatura comunista (con i quali ci si frequentava regolarmente), invece, pur preparati dal punto di vista teorico, si tenevano ben alla lontana rispetto a qualsiasi movimento.

I miei genitori, quindi, contrastavano il mio impegno in piazza e le mie frequentazioni (esclusi i figli e le figlie dell'odiato PCI), non il fatto che io aderissi a questa o a quell'altra linea di pensiero; ed un giorno mio padre, mentre ero stato chiuso nella mia stanza proprio per impedirmi di andare alle manifestazioni, lanciò dentro i sei volumi della prima edizione integrale dei tre libri de Il Capitale di Karl Marx (Avanzini e Torraca Editori, Roma, 1966), gridandomi: "Vuoi fare il comunista? Bene! Allora, leggiti Il Capitale!".

Cosa che io cominciai a fare, ma non evitando di infrangere i divieti per andare alle manifestazioni. Frequentai parecchi gruppi che non mi convincevano strategicamente tra cui Potere Operaio e Lotta Continua ma che, in compenso, mi permisero di prendere contatti con le avanguardie operaie (e non solo) romane.

Intanto, avevo abbandonato l'attività sportiva e trascurato la scuola pur studiando molto, ma di fatto, argomenti fuori programma.

Fu, però, dopo gli scontri dell'anno successivo per la venuta di Nixon a Roma che mi decisi a cercare un "partito", vale a dire un'organizzazione affidabile, coerente, sensata. La mia scelta cadde sul Partito Comunista d'Italia (marxista leninista)[(6)] a cui cercai di aderire all'inizio della primavera del 1969 e con cui rimasi fino alla mia partenza per il servizio militare nell'aprile del 1973.

Cosa successe in quei 4 anni, tra i più intensi e drammatici della mia vita, è necessario riassumerlo perché profondamente connesso con l'evoluzione dell'economia e della società di cui ci si sta occupando in questo testo.

Dopo alcuni mesi di gavetta che dire durissima sarebbe poco (in seguito il militare, il lavoro, le famiglie, ecc. saranno tutte passeggiate), riuscii a conquistare la fiducia di questi operai, contadini ed artigiani che avevano abbandonato il PCI (e non solo) per dedicarsi alla causa rivoluzionaria; per essere uno studente e, quindi, uno spregevolissimo intellettuale (eravamo sostenitori della rivoluzione culturale maoista!), mi trovai ad intraprendere una brillantissima carriera: segretario nazionale dell'Unione della Gioventù, segretario provinciale del partito, ecc.; ma è inutile che mi dilunghi su tali aspetti e tante eroiche imprese che i figli dei miei compagni (Campo Roselle a Carpineto Romano, Cutro, Vibo Valentia, Cesano…) ancora ricordano con affetto: veniamo, finalmente, al punto.

Dopo tanti sforzi (ma veramente tanti), ci si accorse che al soggetto rivoluzionario, la classe operaia (e dintorni), non interessava molto il capovolgimento del sistema, quanto lavorare di più e guadagnare di più. Tragedia, in apparenza.

A Bracciano (Provincia di Roma), mi pare nel 1972, durante qualcosa di più di una riunione e, forse, di meno di un congresso, affrontammo la questione: Renato Curcio e i suoi proposero di passare subito alla lotta armata e, quindi, alla clandestinità; l'Avv. Angiolo Gracci (che era il segretario del partito e con cui collaboravo direttamente) rigettò la cosa. Ci spaccammo. Il resto è abbastanza noto, vale a dire gli sviluppi delle cosiddette Brigate Rosse, ma cominciai a capire che qualcosa non funzionava: continuavo a preparare molti giovani alla lotta, prima con lo studio (che consideravamo la cosa più importante) poi con l'addestramento in vista del momento "giusto", quando le masse avrebbero preso coscienza dei loro diritti ed iniziata la rivoluzione.

Ci misi molti anni a capire il problema (e quando ci arrivai, nella seconda metà degli anni '70, ero ormai lontanissimo da questa mia prima e così intensa esperienza politica): quei lavoratori che volevano diventare classe media grazie alle opportunità offerte dal capitalismo stesso, non stavano tradendo la rivoluzione, ma la stavano facendo! Il partito rivoluzionario, quindi, sarebbe stata la Democrazia Cristiana; ma per capire tutto ciò in un quadro analitico coerente, forse, occorre ritornare al 1973.

All'inizio della primavera, vent'anni appena compiuti, secondo anno di Università e un trascorso politico non irrilevante, decido di lasciare tutti e parto per il servizio militare (divertentissimo fare in piccolo quello che avevo già fatto in grande; qui, da ufficiale dei bersaglieri, c'era anche modo di esercitare varie dosi di umanità: l'abolizione del servizio militare obbligatorio, invece di una sua rivisitazione alla luce dei tempi attuali, è stato uno degli errori peggiori commessi dalla politica italiana).

Al ritorno dal militare, dopo l'estate del 1974, mi ritrovo lo scenario che temevo: non ci si capisce più nulla. Il mio ex-partito virtualmente scomparso, le Brigate Rosse che trovano canali di dialogo col movimento (che non si sa più cosa sia), ma che, con la fine della loro prima esperienza, lasciano il campo a ben altro. Nei quartieri dove ero ancora riconosciuto, benché avessi abbandonato la mia militanza – dando motivazioni coerenti (né clandestinità, né azione politica seria prima di conseguire un'analisi strategica adeguata) – arrivano personaggi nuovi, mai visti in precedenza, che danno ordini a destra e sinistra ("perché", si diceva "hanno praticato altri livelli", cioè sparato a qualcuno) e che, questo è il punto, non sanno nemmeno chi sia Marx. Si trattava, dunque, della nuova leva delle Brigate Rosse, più che infiltrate, costituite da gente di tutt'altra provenienza, i Servizi, logicamente. È così che, dopo alcuni tentativi di organizzare qualcosa di efficace attorno ai centri sociali, decido di non frequentare più nessuno: né i bravi compagni incapaci di una qualsiasi azione rivoluzionaria, né quelli capaci, ma tutt'altro che bravi compagni.

Arrivo, così, alla decisione (siamo al 5 dicembre 1975, data della mia laurea e inizio della mia consapevolezza di ignoranza) di cominciare a studiare…il capitalismo! Compio viaggi di ricerca, con finanziamenti e senza, nei Paesi dell'Europa e oltre Atlantico che sono stati culla di tale tipologia economica, finchè scopro che Marx aveva avuto due volte ragione, e nessuno se ne era accorto, e una volta torto e, anche qui, ben pochi se ne erano resi conto.

Dopo due, tre anni di riflessioni: il tipo di crisi del capitalismo di cui Marx aveva parlato, si era realizzata compiutamente nel 1929, ben dopo la sua morte; aumentando la composizione organica del capitale (con investimenti di sostituzione del lavoro), alla fine il saggio del profitto cade al di sotto dello sprone al guadagno di ogni attività produttiva capitalistica (cioè finalizzata alla valorizzazione del danaro); la seconda cosa: se c'è conflitto tra organizzazione sociale e sviluppo delle forze produttive o queste ultime si impongono o la società regredisce. La dinamica di questa seconda ipotesi (avevano, quindi, ragione i Francesi di "Socialisme ou barbarie") viene nascosta – qui sta l'errore – anche grazie alla manipolazione che Marx stesso volle subire (solo ad un ultimo congresso, in suo onore a Parigi, aveva ironicamente concluso "Oui, j'ai compris, je ne suis pas marxiste"): il materialismo storico doveva unicamente andare avanti.

In realtà, la lotta per la democrazia – che aveva caratterizzato un secolo e mezzo di Storia della classe operaia e non solo – poteva anche subire una sconfitta se si fosse abbandonato il solco della affermazione politica (ma anche economica) delle forze produttive sulla organizzazione sociale.

Prima di trattare questo punto, però, occorrerebbe soffermarsi sull'altro aspetto dell'analisi di Marx, la "legge" della caduta tendenziale del saggio del profitto; di cui, paradossalmente, il non marxista John Kenneth Galbraith aveva intuito la portata quando diceva che le industrie andavano statalizzate e l'agricoltura privatizzata(7).

Durante gli anni '60 e '70, la caduta del saggio del profitto aveva raggiunto livelli notevoli e questo stava influendo sull'organizzazione sociale, nel senso di mettere alle strette i proprietari dei mezzi di produzione, i risparmiatori(8), i capitalisti: dove proprietario era lo Stato, le cose filavano benone; infatti, a quest'ultimo interessava che crescesse l'occupazione o, almeno, che il costo della ricapitalizzazione non superasse quello del mantenimento dei disoccupati. Paradossalmente, marxianamente parlando, in un contesto espansivo come quello fino all'inizio degli anni '80, l'aumento dell'occupazione (forzato dalle imprese di proprietà statale), contrastava la generale caduta del saggio di profitto; ma, ovviamente, le industrie a partecipazione statale brillavano anche come tassi di investimento: non a caso, sommando, in queste ultime, i profitti e gli ammortamenti si ottenevano gli stessi risultati dei privati (ma la stampa, gli altri mezzi di informazione ed i benpensanti avevano facile successo nel condannare le industrie pubbliche sulla base dei soli risultati di esercizio).

Per i privati, invece, l'allargamento dei mercati e l'aumento delle vendite rafforzavano il solo management (lo stesso poteva dirsi per le cooperative, quelle vere, dove l'obiettivo non consiste nella valorizzazione del capitale, ma in quella del lavoro); e indeboliva la proprietà, perché quest'ultima non aveva alternative, essendo bassi i tassi di interesse e scarse le possibilità di investire sui mercati finanziari.

Importante, qui, aggiungere che la tipologia più funzionale di impresa capitalistica è quella "piccola", in cui la figura del manager e quella del proprietario coincidono nella stesa persona; in caso di crisi, il capitalista/proprietario può sacrificarsi senza che l'impresa ne risenta in modo irreparabile.

Dunque, il 1977: l'estrema sinistra attacca a bullonate il segretario generale della CGIL, Luciano Lama, all'Università di Roma, ma questa volta il servizio d'ordine del PCI (guidato dal mio ex compagno Vincenzo Marini, marxista leninista poi rientrato nei ranghi, come quasi tutti gli altri, dopo la spaccatura con le prime, vere, Brigate Rosse) riceve l'ordine di non reagire: in quel momento si suggella la svolta, il nemico PCI – fino a quel momento principale avversario, in quanto candidato a gestire il futuro del Paese – appare un imbelle obiettivo e cresce l'idea di prendersela con i democristiani che, in qualche modo, continuavano a governare.

Così, mentre io maturo il convincimento – approfondendo il pensiero di Marx e soprattutto di Gramsci – che quella Democrazia Cristiana (ed anche i suoi alleati, ovviamente) di Moro, Marcora, Granelli, Bodrato, Donat Cattin, Galloni e tanti altri ci stava portando – magari un po' inconsapevolmente – fuori dal capitalismo, proprio chi avrebbe dovuto accelerare quel processo, individua nella DC stessa il nemico da abbattere.

Ma i fronti sono due: il movimento di estrema sinistra (che comincia ad ubriacarsi di malinteso ambientalismo e non solo) appoggia, in qualche modo, le nuove Brigate Rosse, antidemocristiane e fortemente connotate dai Servizi; le forze tradizionali del sindacato e della sinistra che, infiltrate da una critica distruttiva del keynesismo sano, avvelenate da un malinteso e miope moralismo, cadono nelle braccia di un ritorno alle logiche liberistiche, come se oltre un secolo di Storia fosse passato invano.

Ovviamente, anche all'interno delle forze governative maturano convincimenti di distacco dal keynesismo e dalla logica dell'intervento pubblico nell'economia: a partire dal 1979 (poi si cercherà di riprendere il discorso del G7 di Tokyo), il concetto di solidarietà – compatibile con la regolazione del mercato – viene abbandonato onde far posto ad un'ideologia insensata dove il mercato stesso (per sua natura uno squilibratore) diviene la forza principale dell'economia e della società, una sorta di Dio onnipotente ed onnisciente. Ovviamente, viene di pensare che un Dio squilibratore sia, in realtà, un demonio; non doveva stupire, allora, che i sostenitori di tale concezione del mercato proponessero la soluzione del sistema elettorale maggioritario con cui si passò dal politeismo della democrazia alla deificazione della netta divisione dualistica tra il "male" e il "bene"; in essa "noi" è sempre il bene, mentre gli "altri" sempre il male e, siccome tale approccio è reciproco, la confusione cominciò a regnare sovrana: forse, potrebbe definirsi il tutto come la rivincita di Shiva.

La Democrazia Cristiana si trova, quindi, nella morsa esterna del terrorismo omicida e della critica berlingueriana derivante dalla questione morale. Una questione vera, beninteso, cruciale per il nostro Paese e, tuttavia, facile strumento di chi volle iniziare – contro la logica e contro la Storia – un percorso di privatizzazioni (allora si chiamavano dismissioni) e di deregolamentazione che avrebbero prodotto lucrosissimi affari ed un aumento dell'oppressione per i cittadini senza alcun risultato utile sul fronte della morale pubblica. Ma si trova anche nella morsa interna di chi ne voleva l'autodistruzione, in nome del superamento di quanto aveva fatto grande l'Italia, nei decenni precedenti, per riapprodare ad un'economia che costringesse i cittadini a tornare sudditi e gli interessi particolaristici a prevalere su un bene comune in via di rapida estinzione.

Questo fu l'inizio degli anni '80: chi si opporrà e chi si era opposto destinato ad una brutta fine, con poche eccezioni. In un decennio, dall'assassinio di Moro alla scomparsa di Federico Caffè, capo della scuola genuinamente keynesiana, decine di servitori dello Stato, di oppositori del capitalismo, di personaggi scomodi, sono caduti sotto il fuoco diretto o meno dei Servizi Segreti (variamente camuffati), in incidenti stradali curiosi e ripetitivi, per malattie tanto improvvise quanto inspiegabili.

1.5 Le forze democratiche dall'operaismo alla grande finanza

La sinistra tradizionale condivise le paure di quella parte del ceto medio privo di consapevolezza: l'inflazione (che sembrava il grande nemico ed, invece, poteva essere gestita opportunamente con sistemi di indicizzazione totale o parziale, a seconda dei casi e delle situazioni); l'ordine pubblico che, certamente, presentava problematiche, ma che si accompagnava ad una crescita della partecipazione democratica quale si era vista raramente, soprattutto nel nostro Paese; la svalutazione monetaria che, invece, corrispondeva ad uno strumento per evitare la svalutazione dei redditi a parità di tutto il resto; l'intervento pubblico, considerato eccessivo, quando, poi, si imparerà che la riduzione dei servizi resi dall'amministrazione (che fanno la differenza tra i Paesi civili e quelli arretrati e invivibili) determina un peggioramento delle condizioni della stessa classe media e, quel che è peggio, un'espansione della spesa stessa, ma per ragioni assistenziali e per finanziare il drenaggio di mezzi monetari[9] non per investimenti e sviluppo.

Ma ci mise anche del proprio.

In primo luogo, vi fu l'abbandono dell'attenzione per quei soggetti sociali che, da sempre, avevano costituito il suo riferimento politico principale; una volta superato il concetto di egemonia proletaria (e non poteva che essere così, vista l'evoluzione dei proletari verso il ceto medio), prevalse una sorta di presa di distanza dalle origini, accompagnata da interessamento per i ceti emergenti, spesso legati all'evoluzione delle componenti culturali di rottura sociale (gli omosessuali e dintorni, i diversi, gli immigrati: scelte condivisibili se non si fossero accompagnate all'abbandono delle maggioranze, con esiti elettorali devastanti proprio nei quartieri popolari delle grandi città).

Ma ciò non avrebbe avuto un senso, soprattutto ai fini dell'analisi che stiamo cercando di portare avanti, se, in secondo luogo, il riferimento strategico della sinistra più rappresentativa non si fosse identificato con quanto sembrava progressivo nel capitalismo trionfante e finanziario: gli investitori istituzionali ed i fondi pensione. Come se questi ultimi non ragionassero da proprietari (poi apparirà in seguito, a cose oramai fatte) al contrario di altre ipotesi più tradizionali come il capitalismo a base familiare – che si accontentava di lasciare il potere ai dirigenti – o quello delle piccole imprese (pronte a sacrificare la componente proprietaria) o quello cosiddetto diffuso o quello, cui si è già accennato, di tipo manageriale. La sinistra e la cultura prevalente tendevano a rappresentare i piccoli imprenditori (forse esclusi quelli di stretta osservanza) come una razza cialtrona, senza cercare minimamente – parafrasando Gramsci – di capirne ambizioni, sacrifici, caratteristiche. La sinistra prevalente, nella sua ricerca élitaria ed antipopulistica si accontentò di abbracciare un capitalismo finanziario ritenuto meno cialtrone perché appariscentemente istituzionale.

In terzo luogo, cominciò – nei vari livelli della sinistra – a prendere piede l'ideologia ambientalistica che consentirà il passaggio dal conflitto con una società ingiusta perché caratterizzata da ineguaglianze, a quello verso un sistema assetato di profitto, anche a costo di estinguere le limitate risorse del pianeta.

Non ci fu dialogo tra gli elementi più intransigenti della sinistra, passati all'ambientalismo militante e quella classe operaia che, negli anni '70, si stava trasformando in ceto medio (con ciò cominciando a condannare i capitalisti all'estinzione) puntando sul proprio arricchimento.

Si sarebbe dovuto creare un unico fronte democratico, una saldatura con le piccole imprese e le cooperative, ma mancava un orientamento strategico in tal senso; tutto avvenne con scarsa consapevolezza sia del cambiamento storico a portata di mano, sia dei limiti della propria prospettiva, incentrata sulla implementazione dei beni materiali: ovviamente, si sarebbero dovuti, prima, soddisfare questi ultimi, poi passare ad esigenze più elevate.

La soluzione si sarebbe potuta trovare in una nuova etica che consentisse l'allargamento dei consumi, ma iniziando un processo di progressiva dematerializzazione, non scevro da sensibilità ambientale; il che avrebbe dovuto significare l'introduzione di tecnologie crescentemente compatibili con le esigenze ambientali ed il risparmio delle risorse pregiate o, il che è lo stesso, scarse; ciò avrebbe richiesto una forte chiusura dei mercati, onde impedire l'importazione di beni prodotti senza rispetto per l'ambiente stesso e, quindi, una politica dei redditi espansiva(10); invece si opterà, al contrario, per una forte apertura dei mercati internazionali ed una politica di contenimento dei redditi sia per frenare i consumi interni, sia per assicurare una sufficiente competitività alle esportazioni. Inoltre, come si vedrà, sembrerebbe anche plausibile la inversione del nesso causale, nel senso che la riduzione dei salari costituirebbe l'obiettivo dei neoconservatori – usciti vittoriosi dalle sfide elettorali successive agli anni '70 – e l'apertura internazionale dei mercati il modo per suggellarla.

2. Anni '80: la fine del capitalismo espansivo e la rivincita dei proprietari

2.1 Perché e come avvenne l'aumento dei tassi di interesse

I passaggi attraverso i quali i proprietari (capitalisti) ripresero il controllo della situazione alla fine e dopo gli anni '70 – con lievi differenze tra Paese e Paese – furono tre.

Tutto cominciò con le banche inglesi che cominciarono a farsi concorrenza tra loro per il controllo della liquidità, offrendo una remunerazione consistente sui depositi e, contrariamente alla pregressa esperienza anglosassone, anche sui conti correnti.

Ai fini del presente ragionamento ciò è sufficiente, in quanto l'obiettivo della finanza, del sistema bancario e dei proprietari fu proprio quello di far crescere i tassi di interesse(11); senza tale passaggio, infatti, la situazione si sarebbe aggravata (per proprietari, capitalisti o risparmiatori), come dimostrò l'esperienza italiana in leggero ritardo rispetto a USA o Inghilterra, negli ultimissimi anni '70 (1978, 1979, 1980, quando i tassi di investimento reali crebbero enormemente e l'occupazione industriale raggiunse il picco).

L'inflazione ebbe il suo ruolo a giustificare l'innalzamento dei tassi di interesse nominali; ma ciò sarebbe dovuto avvenire solo nei limiti del mantenimento di un modesto tasso reale positivo; invece, si puntò ad una crescita che assicurasse un maggior tasso reale perché l'obiettivo dello sviluppo economico non era più prioritario nemmeno per i sindacati dei lavoratori e le forze della cosiddetta sinistra.

Invero, nella emblematica situazione italiana di fine anni '70, tassi di interesse negativi in termini reali stavano spingendo gli investimenti reali (e, conseguentemente, l'influenza delle forze produttive, manager e lavoratori) talmente in avanti da fare temere un cambio di guida politica al Paese.

Nel caso italiano, infatti, poiché il PCI – storicamente destinato a sostituire la Democrazia Cristiana – non si sentiva ancora pronto e si era "chiamato fuori"(12), il rischio che personaggi del livello di Aldo Moro potessero guidare il Paese oltre l'eccellenza raggiunta, in termini di competitività, ma anche di ricambio dei ceti dominanti (che sarebbe stata cosa ben diversa e più grande del cambiamento di partiti al governo) risultò talmente insopportabile in ambito internazionale (USA, Francia, Germania, URSS) da agevolare l'azione terroristica, coperta e omicida che sappiamo: come è stato autorevolmente sostenuto, d'altra parte, Americani, Francesi, Paesi dell'Est(13) avevano interessi convergenti a che l'Italia non esagerasse col suo sviluppo e con la sua, conseguente, maggiore indipendenza.

Il secondo e più importante passaggio per far aumentare i tassi di interesse fu il G7 di Tokyo del 1979(14) che pose fine all'esperienza di capitalismo espansivo inaugurata con gli accordi di Bretton Woods del 1944. Dal punto di vista dell'analisi che stiamo cercando di portare avanti, infatti, la conseguente rottura del patto di solidarietà tra Paesi, per cui ciascuno doveva, d'ora in poi, venir considerato unico responsabile della propria bilancia dei pagamenti, ebbe effetti vastissimi. In precedenza, infatti, se un Paese – perché debole – registrava un disavanzo commerciale (importava troppo ed esportava poco), veniva aiutato: gli si consentiva di svalutare la moneta nazionale o/e gli potevano venir forniti aiuti sotto forma di finanziamenti, anche per dotarsi di un apparato produttivo più efficiente[15].

Viceversa, se un Paese risultava "forte", vale a dire registrava avanzi commerciali (e, in una logica di solidarietà internazionale anche l'avanzo sistematico veniva considerato, fino al 1979, come squilibrio o fattore foriero di squilibri), allora lo si induceva a rivalutare la propria moneta.

Con la perdita della nozione di solidarietà – fortemente collegata al passaggio verso l'ideologia dell'onnipotenza del mercato e l'abbandono di quella della necessità della sua regolazione – i Paesi deboli furono costretti a cercare il riequilibrio delle partite correnti con l'aumento dei tassi di interesse per attirare capitali: al fine, appunto, di ottenere il pareggio della bilancia dei pagamenti complessiva. Ma, così facendo, il "Paese debole" si debilitava ancora di più, perché i più elevati tassi di interesse facevano rallentare gli investimenti finalizzati al recupero di competitività.

Viceversa, i Paesi "forti", non rivalutando e non avendo necessità di far crescere i tassi, si rafforzavano ancor di più. Il risultato finale di tale esperienza fu che, mentre il capitalismo espansivo aveva resistito ben 35 anni (ed era finito perché subentrati nuovi interessi, la "riscossa" dei proprietari e dei "neoconservatori" che non incontrò grandi resistenze), questo secondo modello durò, come si vedrà meglio, solo una dozzina d'anni, fino alla crisi del Sistema Monetario Europeo del 1992. Quindi, la solidarietà si rivelò una forza economica fondamentale, non un optional etico sociale: perché un modello economico sia sostenibile e non insostenibile, infatti, occorre che i "forti" – anche per legittimare la propria egemonia – aiutino i deboli; senza una tale dinamica, dunque, né si giustificano le maggiori influenze dei Paesi più sviluppati sugli altri, né si può assicurare continuità ai modelli economici o ai sistemi politici.

Il terzo passaggio fu quello della maggiore autonomia della Banca Centrale dai Governi (Ministeri del Tesoro), si potrebbe dire separazione e, in Italia, fu definita "divorzio" (1981).

In precedenza, quando il Tesoro necessitava di moneta – perché si determinava un fabbisogno netto, dovuto al fatto che la spesa programmata superava le tasse – emetteva titoli (a basso tasso di interesse); se tali titoli non venivano completamente assorbiti dai risparmiatori (tramite le grandi istituzioni finanziarie), la Banca Centrale stampava la moneta necessaria a comperare l'invenduto, la metteva al proprio passivo, mentre iscriveva all'attivo detti titoli; nel conto economico, invece, portava gli interessi (spesso negativi in termini reali, ma positivi in termini nominali) tra i proventi, da una parte, ed i suoi costi di funzionamento, dall'altra parte. Lo stato patrimoniale, dunque, registrava un clamoroso falso in bilancio (il passivo pari al valore facciale dell'emissione monetaria), ma il sistema funzionava egregiamente; cosa ben importante, infatti, il Tesoro stabiliva il tasso di interesse (che Nicolas Kaldor, più di vent'anni prima – nel celebre "Rapporto Radcliffe" – aveva definito il principale e più importante strumento di governance della moneta).

Con il divorzio o separazione tra Tesoro e Banca Centrale (cioè che quest'ultima potesse non emettere moneta per acquistare i titoli che il mercato non assorbiva), lo Stato non solo perdeva il potere di stabilire il tasso di interesse, vale a dire il principale regolatore finanziario dell'economia, ma veniva degradato al rango di un qualsiasi altro operatore che, con il cappello in mano, deve recarsi presso le banche ad elemosinare mezzi.

Così, depositario del potere di stabilire il tasso di interesse finiva per risultare il mercato (banche e risparmiatori); i tassi salivano – ma questo era l'obiettivo strumentale – ed il finanziamento della spesa pubblica per investimenti, welfare, servizi risultava sempre più oneroso. Si diceva che, così, la classe politica – per definizione corrotta e clientelare – avrebbe perso lo strumento principale, mentre lo Stato si sarebbe venuto a trovare nella situazione del "buon padre di famiglia" che non può spendere di più di quanto introita (le tasse). Una visione volutamente miope e contraddittoria, ma scientemente pianificata (almeno nel caso italiano, come si cercherà di dire nel prossimo paragrafo, mentre altri Paesi che avevano predicato tale regime di separazione – in primis l'Inghilterra – dimostrarono, poi, di applicarla con buon senso, senza estremismi).

2.2 Seconda testimonianza

Nel marzo del 1979 entrai come funzionario in prova al Ministero del Bilancio e della Programmazione Economica dopo un concorso svoltosi l'anno precedente, che era stato anche l'anno della mia esperienza di ricerca a Berkeley sotto la guida del professor Richard Webster (la ricerca, "Momenti del capitalismo nordamericano 1881-1883" fu pubblicata da Giuffrè con il contributo del Consiglio Nazionale delle Ricerche; mentre il mio primo libro – del corso che tenni all'Università di Roma – "New Deal tra capitalismo e socialismo" era già uscito per i tipi della Bulzoni). Preparai il concorso sui testi del professor Federico Caffè (che ancora non conoscevo personalmente), ma che era, da tutti, considerato lo scienziato più attendibile in materia; tuttavia, lo vinsi soprattutto per il diritto amministrativo e le lingue.

Mi inserii alla Segreteria Generale della Programmazione Economica dove rimasi alcuni anni seguendo le problematiche dell'industria tessile, delle calzature, delle pelletterie, dell'alluminio e dell'ingresso in Europa della Grecia, della Spagna e del Portogallo (il nesso era che, caldeggiando l'ingresso di questi Paesi nel Mercato Comune, favorivamo proprio i nostri concorrenti nella manifattura tradizionale); in seguito, passai alle statistiche, dopo un corso di matematica che si tenne all'ISCO, Istituto per lo Studio della Congiuntura; andavo spesso all'estero perché conoscevo le lingue, soprattutto all'OCSE, a Parigi, dove divenni il rappresentante italiano nel gruppo "ad hoc" per le Piccole e Medie Imprese.

Il primo Segretario Generale con cui ebbi a che fare si chiamava Giovanni Landriscina e mi insegnò tutto sulla osservazione del movimento delle scorte allo scopo di prevedere (per tempo!) l'andamento del ciclo economico ed i comportamenti delle imprese.

In seguito, il suo posto venne ricoperto dal professor Paolo Savona che mi incentivò in una ricerca sui rapporti tra margine operativo lordo e dimensione delle imprese; ma, intanto, erano intervenuti diversi cambiamenti.

Il primo e più importante per me fu l'incontro con Federico Caffè, avvenuto nel 1980, dopo che il professor Edoardo Volterra gli aveva consegnato il mio terzo libretto ("Crisi e adattamento: per una politica economica alternativa", una raccolta di articoli che avevo scritto per l'Astrolabio di Luigi Anderlini quando ero in Inghilterra e negli Stati Uniti a studiare il capitalismo e a dire che una certa Mrs. Thatcher e un certo Governatore Brown della California andavano proponendo programmi ultraconservatori e pazzeschi che, se attuati, avrebbero distrutto le basi della nostra convivenza sociale); dopo aver letto il testo, dunque, Caffè mi disse che "raramente, in quaranta anni di insegnamento" aveva "incontrato una persona così versata per la materia", ma che "si vedeva lontano un miglio che" io ero "un autodidatta e, quindi, la prenderanno in giro. Io le voglio dare la scuola che le manca". Così quest'uomo che si stava comportando come un padre, mi dedicò, per diversi anni, due pomeriggi alla settimana. Devo a lui quasi tutto.

Il secondo, fu l'arrivo al Bilancio del professor Beniamino Andreatta che mi prese a ben volere, ma con cui litigavo dalla mattina alla sera: concordavamo su pochissime cose (quando poi raccontavo i dettagli a Caffè ridevamo, ridevamo ed egli capiva, forse, che, con me, stava facendo un buon lavoro e mi sconsigliò di lasciare il Ministero – che considerava il migliore degli osservatori per comprendere l'andamento dell'economia – a vantaggio della carriera universitaria "pura"); l'unica volta che Andreatta approvò una mia ricerca fu a riguardo di un progetto di riforestazione della Sicilia(16) che avrebbe richiesto – convenimmo – per essere attuato, un finanziamento a tassi di interesse negativi. Ma Andreatta mi introdusse ad altri Democristiani e fiancheggiatori del neoconservatorismo (così ben invasivo della sinistra italiana) come Giovanni Goria o lo stesso Guido Carli, ai quali non risparmiavo i miei inutili e parecchio provocatori sermoni sulle conseguenze dei loro progetti filo-thatcheriani. Intervenivo nei grandi dibattiti come se fossi uno che contava (in realtà ero solo un piccolo, oscuro funzionario che tentava, con scarso successo, di salvare la Patria avendo alle spalle il più grande economista italiano del momento). Personaggi già affermati come Giuliano Amato e Luigi Spaventa, a volte, spezzavano lance a mio favore, ma la mia aggressività e la mia arroganza nei confronti del Potere erano divenute proverbiali: mi stavo creando una serie di inimicizie che poi sarebbero state decisive per le mie successive sconfitte (eroiche, se si vuole, ma sconfitte).

Il terzo e più importante per l'Italia, alla fine del 1980, fu l'approdo dello stesso Beniamino Andreatta al Ministero del Tesoro (mentre Goria era venuto da noi al Bilancio): tutto avverrà in pochi mesi, come se una sapiente regia – esterna al Parlamento e, forse, al Paese – dovesse assicurarsi un successo rapido e certo; è dell'inizio del 1981 la sua lettera al governatore della Banca d'Italia Carlo Azeglio Ciampi che aveva preso il posto di Paolo Baffi;

uno che, invece, era vicino a Caffè, ma che fu misteriosamente silurato nel fatidico 1979[17].

Con questa lettera – dove si diceva che la Banca d'Italia poteva considerarsi non vincolata all'acquisto dei titoli che il Tesoro non riusciva a vendere al tasso di giornata – si stravolsero, per sempre ed irreparabilmente, l'economia e la democrazia in Italia. Dieci anni dopo lo stesso Andreatta riconoscerà di non aver voluto portare la questione in Parlamento[18] perché "ci avrebbero votato contro".

Quella lettera, ma soprattutto la sua applicazione da parte del governatore Ciampi fu più di un colpo di Stato, più di un tradimento: milioni di giovani non hanno potuto aspirare ad una vita normale per questo, l'industria pubblica è stata abbandonata, centinaia di migliaia di imprese hanno dovuto chiudere, lo Stato è divenuto un qualsiasi operatore alla disperata ricerca di finanziamenti, il Ministero del Tesoro ha ceduto – al cosiddetto mercato, ovverossia alle banche – la sua prerogativa di decidere il tasso di interesse. Ai tempi, queste ultime erano pubbliche, ma in via di rapida privatizzazione, come avvenne per la stessa Banca Centrale che era ed è una controllata dei controllati.

Bisogna sottolineare che, senza quella lettera, tutta la nostra storia sarebbe andata ben diversamente; ma, anche a seguito di essa, le cose sarebbero potute andare meno peggio se il Governatore si fosse comportato come i vertici della Banca d'Inghilterra che, benché ricadente in uno schema di rapporti simile, tuttavia ben si guardava dal praticare il divorzio o separazione in modo così estremo.

Con tale sistema, in caso di incompleto assorbimento dell'asta del giorno, per piazzare i titoli residui, veniva fatto crescere senza limiti precisi il tasso di giornata che, poi, avrebbe riguardato tutta l'emissione in corso!

Ad un certo punto, mi accorsi del fatto che, con questo sistema, il Minimum Lending Rate (l'interesse che le banche praticavano sui prestiti alla migliore clientela) era sceso al di sotto del tasso di rendimento di alcune categorie di titoli pubblici; scrissi la cosa a Repubblica, lamentando che, se quella mattina, un certo Gianni Agnelli nel prendersi un caffè col direttore della Commerciale sotto casa sua, gli avesse chiesto 5.000 miliardi di lire in prestito per comperare altrettanto di detti titoli del debito, avrebbe guadagnato, in un attimo, ben 150 miliardi! Quella mattina – che Repubblica aveva pubblicato la mia allarmata osservazione – Gianni Agnelli si recò alla Banca Commerciale e chiese 5.000 miliardi: da allora ho avuto addosso i servizi segreti di tutta Italia.

La crescita dei tassi di interesse, tuttavia, era l'obiettivo di chi voleva evitare lo sviluppo indipendente del Paese: nelle lunghe conversazioni col professor Andreatta vennero fuori tutte e tre le ragioni di tale scelta.

La prima ragione era costituita dal desiderio di allinearsi col resto del mondo occidentale che aveva scelto la deriva ultraconservatrice: l'abbandono della solidarietà tra i popoli dopo il G7 di Tokyo e di quella interna alla compagine sociale nazionale in nome di un mercato non più istituzione e strumento del capitalismo regolato, quanto supremo e unico giudice di chi dovesse sopravvivere o soccombere senza più ingerenze statalistiche o compassionevoli; la trasformazione dell'ideale di Europa Unita in una gabbia che sottraesse sovranità ai popoli per consentire alle classi dirigenti di deciderne il futuro senza lacci e lacciuoli; il recupero di centralità dei proprietari che, ora, potevano scegliere se destinare la propria risorsa ad investimenti produttivi (con elevato saggio di profitto) oppure ad attività meramente finanziarie come le obbligazioni ad alto tasso di interesse, appunto; l'idea che, con bassi salari, ognuno – nella classe media – si sarebbe potuto permettere una cameriera.

La seconda, dall'esigenza di sottrarre strumenti importanti (alla classe politica, corrotta e clientelare, democristiana e socialista, come la spesa pubblica in disavanzo e la decisione degli investimenti). Caffè mi disse poco dopo il 1981: "Galloni, speriamo che con l'acqua sporca (la corruzione) non buttino via anche il bambino" (lo sviluppo economico); pochi giorni prima della sua ancora misteriosa scomparsa, mi confidò: "Hanno buttato via il bambino con l'acqua sporca"; a distanza di tempo posso affermare senza tema di smentita che il bambino – vale a dire lo sviluppo economico – è stato buttato via, mentre ci siamo tenuti la corruzione.

Per la cronaca, poco prima del 1981 avevo preparato una ricerca sulla incidenza e l'uso distorto delle pensioni di invalidità per aree geografiche; mi dissero: "Galloni, non scassare i c. Se non rompiamo il cartello dei disoccupati meridionali così, e questi ultimi si alleano con le Brigate Rosse che, al Nord, hanno seguito tra gli operai, siamo fregati!". Io me ne andai in buon ordine, pubblicando successivamente la ricerca in un mio libro che aveva l'introduzione di un importante seguace di Federico Caffè, il professor Paolo Leon; ma il mio sdegno esplose quando, negli anni successivi, realizzai che quelle stesse spese assistenzialistiche – dopo il cosiddetto divorzio tra Tesoro e Banca d'Italia – venivano finanziate ad elevati e crescenti tassi di interesse come se fossero stati promettenti investimenti innovativi.

La terza ragione, fuoriuscendo dalla "questione morale", che aveva creato l'alleanza su tali aspetti tra la nomenclatura del PCI, rilevanti ambienti della sinistra politica della Democrazia Cristiana ed altri benpensanti, me la rivelò lo stesso Andreatta quando osservai che questi elevati tassi di interesse avrebbero messo in grave difficoltà le piccole imprese, tante volte meritevoli dal punto di vista produttivo, ma così fragili dal lato finanziario. "Galloni", mi rispose, "ma è quello che vogliamo, distruggere queste improduttive, inefficienti, arretrate piccole imprese e favorire l'aggregazione di gruppi più grandi".

Mi permisi di sottoporre a lui e ad altri ministri ed economisti un mio calcolo di quanto sarebbero cresciuti il debito pubblico e la disoccupazione giovanile in pochi anni. Sotto il primo profilo, applicando normalissimi tassi di capitalizzazione a quanto stava accadendo, fornii una previsione in base alla quale il debito pubblico sarebbe raddoppiato ed avrebbe superato il PIL entro la fine del decennio; sotto il secondo che, riducendo l'orizzonte temporale delle imprese e gli investimenti produttivi (ora che i proprietari potevano destinare alla finanza obbligazionaria i propri profitti), la disoccupazione giovanile avrebbe presto oltrepassato la soglia del 50% con conseguenze sociali gravi.

Praticamente mi risero dietro; e siccome, intanto, le nostre posizioni di funzionari di carriera nei Ministeri economici cominciarono a venir ricoperte da consulenti e collaboratori del Fondo Monetario Internazionale e della Banca Mondiale, molto meno preparati di noi e, soprattutto, completamente ignari delle caratteristiche dell'Italia, decisi di andarmene.

Era il 1986 quando il Senatore Picano, divenuto Sottosegretario al Ministero delle partecipazioni statali, mi chiamò come suo capo segreteria. Furono mesi molto intensi, dove si delinearono le strategie di privatizzazione delle industrie di proprietà pubblica anche perché i manager, i famosi boiardi di Stato, volevano sottrarsi al controllo della Corte dei Conti. Ma che differenza tra il management di adesso e quello di qualche anno prima, quando ero appena entrato nell'amministrazione finanziaria: fino al 1980, il manager – anche privato – si vantava di aver assunto lavoratori, di aver aperto filiali e stabilimenti, di aver superato la concorrenza straniera; già negli anni '80, il quadro era radicalmente cambiato ed il manager si vantava di aver licenziato 1.500

persone, di aver chiuso tot stabilimenti, di aver risparmiato sugli investimenti.

Tutta la dinamica delle dismissioni (così si chiamavano all'inizio le privatizzazioni) era fortemente inquinata da pescecani che firmavano accordi sul mantenimento dei livelli occupazionali, intascavano anticipi sulle vendite e scappavano senza lasciare tracce, ma tanti problemi: riuscii a rintracciarne qualcuno (Dynawatt, Arcom) e a denunciarlo; detto, fatto, mi beccai due bombe in casa che contribuirono alla crisi della mia prima famiglia (avevamo una bambina piccola ed il mio atteggiamento tanto spavaldo creò una ferita insanabile nei miei parenti acquisiti).

Ma tant'è.

Tornai a lavorare negli Usa, a Houston, dove mi occupai di alcune riconversioni industriali, senza dover rovinare nessuno (ma non avrei potuto combinare nulla se le banche di quel grande Paese non si fossero rivelate il principale ammortizzatore sociale, dando fiducia e credito – a differenza delle nostre banche – anche a chi si trovava in difficoltà: si riprenderà tale discorso affrontando il passaggio successivo del ritorno ad istituti che non esercitano solo il credito, ma anche la speculazione finanziaria).

Così, negli ultimi anni '80, riparai nel centro studi dell'Intersind come dirigente, continuando a riflettere e a confrontarmi con i colossi della finanza e della politica coi quali insistevo a discutere animatamente.

Mi chiamò Mario Schimberni per una consulenza a riguardo della possibilità di una politica monetaria alternativa a quella della Banca d'Italia; mi pagò con larghezza (e con la mia figlioletta Marianna scampata all'attentato e che pur cresceva bene, i soldi non guastavano certo, allora bastava scrivere su qualsiasi rivista per guadagnare abbastanza), ma – con mio dispiacere – mi comunicò che la cosa doveva finire e rimanere nel cassetto (per carità, chi tocca il tema della moneta, muore). E, infatti, dalle Università – anche quelle dove insegnavo come la Cattolica di Milano – si poteva parlare di politica industriale o strategie di mercato, ma non più di moneta.

Inoltre ricordo che la sinistra sociale della Democrazia Cristiana (Donat Cattin), una piccola parte di quella politica (Granelli, Bodrato e forse mio padre), alcuni socialisti lombardiani mi incaricarono (Paolo Leon mi diceva scherzosamente che non ero uno qualsiasi, che avevo "un ruolino") di aprire contatti con la parte del PCI che non risultava appiattita sulle posizioni filo-bankitalia, vale a dire il CESPE (Centro Studi di Politica Economica) guidato dal professor Azzolini. Dopo alcune riunioni e seminari di un certo successo dove si presentavano, oltre a Giuliano Amato anche altri personaggi emergenti, ma non ancora del tutto emersi come Mario Draghi e Giulio Tremonti, Azzolini mi chiamò per comunicarmi che non era più possibile continuare. Carlo Azeglio Ciampi aveva telefonato ad Enrico Berlinguer per comunicargli che, se quelle riunioni fossero andate avanti e avessero, dunque, dato risultati, tutti i figli della nomenklatura comunista che si trovavano nei centri studi delle principali banche per prepararsi al futuro passaggio di consegne tra la vecchia e la nuova classe dirigente del Paese, ne sarebbero stati allontanati.

Me lo riferì con sincero dispiacere, ma mi ritrovai solo e con l'unico appoggio certo di Carlo Donat Cattin, che mi dava sufficiente spazio sulla sua rivista ("Terza Fase") e nei suoi congressi di settembre a St. Vincent in Val d'Aosta.

2.3 Debolezza e fine del modello basato sugli alti tassi di interesse

Questo secondo modello capitalistico non espansivo, basato sugli alti tassi di interesse ed il ritorno della proprietà al centro della scena, durò circa un terzo del precedente e si concluse 12 anni dopo il 1980, col crollo del Sistema Monetario Europeo (settembre 1992).

L'abbandono del principio di solidarietà ed il passaggio ad una visione del mercato esclusiva e acritica minarono le basi di sostenibilità dell'economia e di funzionalità della scienza e della politica: infatti, un'economia è sostenibile se i "forti" (al limite in cambio di vantaggi di vario genere) si privano di risorse per sostenere i più deboli; viceversa, quando, al rapido arricchimento e rafforzamento dei già forti si accompagna l'indebolimento e l'impoverimento degli altri, il sistema è destinato alla crisi, anche perché il numero dei poveri/deboli/perdenti aumenta in modo esponenziale al crescere di peso e di importanza dei più ricchi. Affinché questa miopia prevalga (fino al rapido crollo del modello) occorre che la critica e la diversità vengano emarginate a livello sia scientifico che politico. Se, infatti, il modello economico scelto e accettato da vincitori e vinti non ammette alternative, la politica non può svolgere alcuna azione utile (oltre a coltivare meramente sé stessa e, in questo caso, sarebbe da considerare non socialmente utile); la scienza, non ricordando la possibilità di alternative, rende possibile il prevalere delle sedicenti leggi economiche sulle decisioni democratiche.

Il pareggio del bilancio pubblico e la criminalizzazione del debito rappresentano il fulcro di tale situazione. In condizioni normali, quando esistono risorse disoccupate (non solo umane, ma anche tecnologiche), la possibilità di spendere solo le tasse assicura una quantità adeguata di servizi per la collettività(19), ma non anche la piena valorizzazione delle risorse esistenti: per ottenere ciò occorrono investimenti pubblici aggiuntivi che i privati non hanno effettuato, valutando che il loro rendimento si sarebbe rivelato basso (vale a dire più basso di quello raggiungibile con investimenti meramente finanziari).

Per tale ragione: 1) la tassazione è progressiva; 2) il debito pubblico raccoglie e finalizza ulteriore risparmio in eccesso[20]; 3) la produzione di mezzi monetari aggiuntivi da parte dello Stato è sostenibile (beninteso, finchè serve ad utilizzare e valorizzare risorse umane e tecnologiche disoccupate, certamente non oltre tale limite).

Queste considerazioni erano state frutto di esperienze e di teorie che, dopo gli anni Trenta e fino ai Settanta dello scorso secolo, si erano imposte nelle sedi accademiche e nelle scelte politiche; è inquietante come, nel giro di pochissimi anni (tra la fine dei '70 e l'inizio degli '80), la visione del mondo keynesiana sia stata radicalmente sostituita da un ritorno acritico a quel liberismo che aveva miseramente fallito mezzo secolo prima.

Nel caso italiano, si aggiunse l'aggravante distorsione di un debito caratterizzato da interessi così elevati da ingenerare la necessità di emettere titoli aggiuntivi non per finanziare la spesa pubblica netta in disavanzo (quella che è indispensabile per lo sviluppo quando i fattori produttivi non risultano adeguatamente utilizzati), ma il pagamento degli interessi stessi.

Infatti, in condizioni di bassi tassi di interesse sul debito pubblico e quando sono necessari investimenti produttivi che i privati non effettuano per il loro rendimento risicato, la teoria del pareggio del bilancio si rivela inconsistente; essa diviene addirittura devastante quando detti tassi sono elevati. In tal caso, infatti, per tendere al fantomatico pareggio, occorre realizzare un avanzo primario, vale a dire che lo Stato deve prelevare dall'economia più di quanto non restituisca con la spesa netta.

L'eccesso di risparmio rispetto all'investimento (visto che la dinamica di quest'ultimo dipende dalla prospettiva di rendimenti e dalla disponibilità di credito, possibilmente "a buon mercato") può venir mitigato, oltre che dalla progressività dell'imposta e dall'azione del debito pubblico, anche dall'acquisto di immobili "strumentali" (prime e seconde case, attività produttive di vario tipo); nel caso italiano, infatti, l'eccesso di risparmio dovuto alla sperequazione dei redditi ed all'economia sommersa, si è scaricato nell'acquisto di immobili che ha consentito un aumento delle attività di manutenzione, ristrutturazione, arredamento, a loro volta fortemente connotate dal "nero" e dal "grigio".

A livello internazionale, questo secondo modello capitalistico non poteva reggere, perché la rigidità dei cambi acuiva l'aumento della debolezza degli uni e della forza degli altri.

Durante questi anni di alti tassi di interesse sulle obbligazioni, molti investimenti produttivi risultarono spiazzati (con aumento della disoccupazione ed indebolimento delle forze sindacali) e sorsero nuovi soggetti – istituzionali – che garantivano rendimenti elevati ai risparmiatori, compresi gli stessi lavoratori che versavano una parte dei loro salari per assicurarsi una pensione più elevata.

Emblematico fu il caso dei fondi pensione americani – promossi dallo stesso sindacato – bendisposti nei confronti di quella stessa situazione che prometteva un'alta remunerazione del risparmio in cambio di una dinamica così sfavorevole all'occupazione: un caso di cannibalismo storico all'interno della stessa classe lavoratrice!

Credendo, dunque, che i fondi pensione ed i grandi investitori istituzionali rappresentassero l'evoluzione progressiva del capitalismo (visto che sembravano tramontate le prospettive di riscatto o, per lo meno, di miglioramento, della classe lavoratrice), le sinistre ed i sindacati si rivolsero favorevolmente ad essi; senza capire, come si cercherà di approfondire nel prossimo capitolo dedicato agli anni '90 ed al successivo modello capitalistico, quello classicamente finanziario, che, invece, essi si sarebbero comportati esattamente da proprietari, con una logica unicamente rivolta al rendimento dell'investimento.

Dunque, questo secondo modello fallisce alla fine del 1992

dopo aver assicurato l'indebolimento dello Stato, il ritorno dei proprietari alla guida della società, un'elevata disoccupazione, il ridimensionamento della democrazia e dei suoi valori e ideali.

2.4 Terza testimonianza

Al convegno di St. Vincent del settembre 1988, presi la parola per ricordare che le mie previsioni di circa sei anni prima si erano verificate e, quindi, il debito pubblico era raddoppiato e stava superando il PIL, mentre la disoccupazione giovanile aveva oltrepassato decisamente la soglia del 50%.

Una giovane giornalista de Il Manifesto, Norma Rangeri, mi intervistò pubblicando un articolo in cui si parlava di un oscuro funzionario che aveva previsto il disastro esattamente sei anni prima, ma che, per le sue idee ed il suo impegno, aveva dovuto abbandonare l'amministrazione. Si scatenò una campagna di stampa a mio favore, alla fine della quale, dopo alcuni mesi, all'inizio del 1989, mi scrisse Giulio Andreotti, Presidente del Consiglio in carica, ma che avrebbe dovuto dirigere un altro governo, di lì a poco: "Caro dottore, penso che Lei abbia ragione, dobbiamo cambiare qualcosa nell'economia. Vuole collaborare?"

Raccolsi senz'altro l'invito, mi misi a disposizione e fui chiamato dal suo braccio destro, l'ex Presidente della Commissione Bilancio della Camera e Ministro della Funzione Pubblica del governo dimissionario, Paolo Cirino Pomicino.

A quei tempi ero consigliere di amministrazione dell'Agip Coal (caposettore Eni), stavamo a Milano ed il Presidente Coffrini entrò abbastanza agitato nella stanza per dirmi che dovevo precipitarmi a Roma per una cosa importantissima (l'incontro con Pomicino). Mi mise a disposizione l'aereo della compagnia ed in pochissimo tempo, in un primo pomeriggio di inizio estate, entrai a Palazzo Vidoni.

Salii su e mi venne incontro Antonella, la sua segretaria. Mi fece accomodare ed entrò nella stanza del Ministro; dalla porta mi chiamò perché entrassi e, come fui dentro la stanza, Pomicino mi guardò e mi disse "Guagliò che vuoi, che sei venuto a fare?"; poi rivolto ad Antonella "Ma chist che vuo', chi è?", "Ma Paolo, è il professor Galloni!". Allora il Ministro si alzò, si mosse verso di me "Ah, professore! L'aspettavamo! Ma credevo avesse un altro aspetto...Giulio mi ha detto che duvimm cagna' l'economia de chistu Paese...che dobbiamo fare?". "Molto semplice" risposi subito io "Lei si faccia nominare Ministro del Bilancio al prossimo governo, metta me a capo di tutta la struttura, al resto ci penso io". La riunione finì così, ma, in effetti, ci eravamo detti tutto il necessario. Salutai Antonella e me andai, in cuor mio convinto che quella sarebbe stata l'ultima volta che li vedevo (non la prima perché Pomicino mi aveva ricevuto due tre volte alla Camera quando era Presidente della Commissione Bilancio per ascoltare le mie rimostranze su quanto stava accadendo e per sottopormi alcuni quesiti, su suggerimento del Professor Luigi Cappugi; forse, allora, non l'avevo ancora colpito particolarmente).

Ma mi sbagliavo: contrariamente al mio scetticismo, qualche settimana dopo, mentre ero in vacanza dalle parti di Sperlonga, mi vennero a chiamare i Carabinieri (i telefonini ancora non si usavano), affinchè mi recassi al Ministero del Bilancio dove il Ministro mi aspettava.

Così, una sera di fine agosto, varcai nuovamente (diversi anni dopo) la soglia dell'ingresso di via XX Settembre. Salii su speditamente, conoscevo bene la strada (a quei tempi i Ministri non avevano ancora l'abitudine di cambiare la sede in continuazione), entrai nella grande stanza dove erano già presenti diversi collaboratori esterni e presi le consegne, ripromettendomi l'indomani mattina di insediarmi in un ambiente "strategico", ovvero obbligato per il passaggio materiale in qualunque direzione.

Questa volta eravamo rimasti a parlare un po' di più, molte luci del corridoio erano oramai spente ed io sentii immense energie sostenermi: ero lì per cambiare la Storia, sembrava che mi fosse stata data, con chiarezza, questa possibilità.

Le forze mi accompagnarono fino all'uscita e l'aria di via XX Settembre s'era fatta più fine.

L'indomani mattina passai dal lato della Segreteria Generale a salutare i miei vecchi compagni e colleghi poi, accompagnato dal Consegnatario[21] e dai responsabili della logistica, mi feci aiutare per sistemarmi. Tutto fu pronto in pochissimo tempo, come, sapevo benissimo, poteva accadere nell'amministrazione pubblica quando ci sono volontà e collaborazione.

Subito mi fornirono un'Alfa Romeo con due autisti e mi chiesero se le due segretarie di un precedente funzionario potessero rimanere: le ricevetti entrambe – Luciana Calvini, una persona estremamente preparata, gentile e buona con la quale mantenni rapporti di amicizia per diversi anni fino alla sua tragica fine – e Maria Pia Fiacchini che, oltre ad essere la sorella di Renato Zero, teneva sempre con sé un cagnolino che inseguiva per i corridoi, ma si chiamava Cirino, come il Ministro.

Oltre allo staff tecnico del Ministero e alla possibilità di relazionarmi con tutti i funzionari coi quali avevo collaborato in anni precedenti, mi trovai anche a coordinare un gruppo di 23 professori ordinari, tutti amici di Pomicino, molto disponibili per l'avventura che si prospettava e, quindi, ben disposti; al di là delle varie cose che seguivo su richiesta del Ministro, cominciai a mettere le mani a quello che consideravo l'inizio dell'opera. Vale a dire la "Relazione Previsionale e Programmatica" su cui era scoppiato l'ultimo casino al Bilancio, nel 1983, quando i funzionari provenienti dalla Banca Mondiale ci incaricarono della mera correzione delle bozze (cambiai completamente la parte a me affidata per cercare un filo logico tra sviluppo ed equilibrio dei conti pubblici, sollevando un vespaio a tutti i livelli perché le posizioni degli Americani erano ottusamente liberiste, zeppe di marchiani errori, avulse dalla realtà economica italiana che non potevano conoscere): intendiamoci, pur essendo l'antenato del Documento di Economia e Finanza, era solo un compendio dei buoni propositi per l'anno successivo, ma, comunque, un segnale di non secondaria importanza.

Intanto, la posizione di Andreotti, Presidente del Consiglio appoggiato dagli eurocritici (come Donat Cattin, Craxi, Formica e altri), era abbastanza chiara: gli accordi con Francia, Germania, Olanda sui cambi fissi non dovevano portare al precipitare di soluzioni estreme ed irreversibili che avrebbero danneggiato il nostro Paese; una certa priorità alla lotta all'inflazione andava mantenuta, ma identificando linee strategiche che avrebbero dovuto rilanciare occupazione e Mezzogiorno; la Germania poteva scordarsi, per ora, prospettive di riunificazione anche se quella dell'est si fosse liberata, come stava avvenendo, del giogo sovietico.

Ovviamente, le forze che, nel decennio precedente, avevano spinto in tutt'altra direzione erano fortissime (Confindustria, Fiat, Banca d'Italia, Fondazione Agnelli, ecc.) fuori e dentro il governo: Guido Carli, ad esempio, uno dei maggiori esponenti della linea di appoggio alla prospettiva di estremizzazione nell'abbandono della sovranità nazionale, teneva il Ministero del Tesoro che era, certamente, più di peso del nostro.

Tuttavia, stavo e stavamo lavorando per un cambiamento che aveva allarmato lo stesso Carli. Dopo poche settimane dal mio insediamento, si svolse, a Milano, uno scontro decisivo col rettore dell'Università Bocconi, Mario Monti. La questione cruciale: potevamo abbassare i tassi di interesse sulle nuove emissioni di titoli del debito, ripristinando una collaborazione con la Banca d'Italia (che avrebbe riassorbito l'eventuale invenduto), ponendo le basi di una rinegoziazione dei tassi di cambio, alternativamente ad un aumento della spesa[22]? L'ipotesi che ciò avrebbe spinto in su l'inflazione fu facilmente confutata, dato che le capacità produttive, industriali ed occupazionali del Paese risultavano ampiamente sottoutilizzate.

Dopo quel dibattito mi sembrò che le cose si stessero mettendo di bene in meglio; ma mi sbagliavo per tre ragioni.

La prima era che le forze favorevoli alla perdita di sovranità del Paese erano maggioritarie a livello di vertice; pur escludendo i parlamentari in carica e la pubblica amministrazione nel suo complesso.

La seconda che, dentro e fuori dal governo, tali forze si sarebbero mosse rapidamente e decisamente quanto prima.

La terza che l'opinione pubblica non aveva capito gran che di quanto stava accadendo, benché, sugli stessi quotidiani più importanti, l'informazione non fosse ancora del tutto distorta.

Sognavo una specie di Sigonella dell'economia[23]: in fondo, c'erano personaggi politici di primo piano consapevoli della situazione; cerchiamo, allora, di vedere perché, invece, ciò non sia avvenuto.

La situazione sarebbe stata sostenibile ed io avrei potuto portare in Parlamento e all'attenzione della stampa un documento ufficiale dove si proponeva il ripristino di politiche espansive, l'abbandono del monetarismo, il ricorso a investimenti strategici per le industrie e per l'ambiente.

Ma ciò che decise irreparabilmente la partita fu il cambio di schieramento di Andreotti, passato, con soddisfazione di Carli, da posizioni fortemente euroscettiche alla linea opposta[24].

Sul perché di tale cambiamento si possono solo fare ipotesi, in quanto Andreotti ci ha lasciati senza chiarimenti al proposito, di cui le due principali, e alternative tra loro, potrebbero essere le seguenti.

La prima: scoperto il coinvolgimento americano in alcune vicende nazionali ed internazionali (tra cui l'affaire Moro), il divo Giulio aveva deciso che solo un'Europa forte e coesa poteva rappresentare, pur fra mille difficoltà, il futuro possibile.

La seconda: a seguito dei suoi atteggiamenti in politica economica e internazionale (maggiore indipendenza dell'Italia), avrebbe subito ricatti dagli Americani – che avevano suddiviso i politici nostrani in "buoni" e "cattivi" in base ai soliti loro criteri di corto respiro – tali da fargli accettare una radicale attenuazione della difesa degli interessi nazionali.

Propenderei per questa seconda tesi in quanto, diversamente, avrebbe spiegato – come per tante altre circostanze – i perché ed i percome degli avvenimenti.

Fu, per me, un cambiamento improvviso, di cui mi accorsi subito: in poche ore era completamente cambiato il clima intorno a me. Allora mi recai da Pomicino e, quando il Ministro mi fece segno di non parlarne perché potevamo essere ascoltati, presi un pezzettino di carta su cui scrissi: "Per caso Carli – che stava già molto male – ti ha promesso che, se io vado via tu sarai destinato al Ministero del Tesoro?". Pomicino prese il pezzetto di carta, mi fece cenno di sì con la testa e lo stracciò in mille pezzetti buttandoli nel cestino. Fu onesto e, allora, rimanemmo in buonissimi rapporti.

Così, Carlo Donat Cattin mi propose di andare a fare il direttore generale al Ministero del Lavoro, cosa che accettai per le ragioni che spiegherò più avanti; intanto mi sistemarono in gran segreto alla Breda Ferroviaria come dirigente dell'Ufficio Studi e Strategie dove prendevo, provvisoriamente, uno stipendio favoloso.

Cosa era successo? Dopo le telefonate della Confindustria, della Banca d'Italia, della Fiat, della Fondazione Agnelli, era arrivata quella decisiva, quella a cui non si poteva dire di "no", né "aspettiamo", né "riflettiamo", né "ma", né "se…"

Qualcuno aveva avvisato Helmut Kohl che c'era chi "remava contro" il progetto europeo o gli accordi di cui subito dirò; detto fatto, dovetti lasciare, a persone di tutt'altra impostazione, il compito di fiancheggiare i Ministri economici.

So di un paio di persone, piuttosto note, che parlavano col Cancelliere e che erano seriamente preoccupate dalle conseguenze della possibilità di un ritorno a logiche keynesiane in alternativa a quelle di stampo liberistico e monetaristico che, oramai, si era deciso di perseguire fino in fondo.

La posta in gioco era altissima ed il prossimo paragrafo cercherà di fornirne la spiegazione.

2.5 L'accordo tra Kohl e Mitterand

Anche con i cambi fissi, la situazione per la Francia e la Germania permaneva difficile e, in prospettiva, disperata. La Francia non reggeva la concorrenza né dell'Italia, né – ovviamente – della Germania pre-unificazione; quindi, avrebbe dovuto svalutare sistematicamente, ma questa sarebbe stata considerata un'onta insopportabile. La Germania, dal canto suo, necessitava dell'appoggio della Francia per la riunificazione, ma temeva la competitività dell'Italia quando si fosse trovata appesantita dall'arretrata eredità dell'est.

L'accordo prevedeva, dunque: 1) che la Germania rinunciasse al marco per una moneta unica che liberasse la classe politica francese dall'onta di potere e dovere svalutare; 2) che, in cambio, la Francia ne accettasse la riunificazione; 3) che l'Italia venisse depotenziata e deindustrializzata in modo che, seppure per situazioni diverse, sia la Francia che la Germania potessero vedere nel futuribile della moneta unica (e delle regole annesse e connesse), il male minore, almeno per loro.

Ecco, dunque, che tutte le politiche nazionali ed europee, volte a consentire la istituzione di una moneta unica dovevano contribuire alla perdita di forza e di competitività dell'Italia. Queste sono le basi ed i presupposti dell'euro: che l'Italia ci rimanga e non ne possa uscire. Ovviamente, questo è il progetto nell'attuale contesto; ma liberasene non sarà né facile, né impossibile.

Fu proprio Guido Carli, infatti, ad escludere l'"opting out" dell'Italia (vale a dire la possibilità di una sua uscita dall'euro, nemmeno a determinate condizioni di insostenibilità: è stato Antonio Maria Rinaldi a raccontare che il suo maestro Paolo Savona litigò col proprio – Guido Carli, appunto – a proposito dell'"opting out"). Probabilmente – questa è solo un'ipotesi – l'impossibilità, per noi, di uscire dalla futura moneta unica fu una "condicio sine qua non", voluta da Helmut Kohl, onde impedire agli infingardi Italioti di assumere impegni che, poi, non avrebbero rispettato: tale posizione era comprensibile per i Tedeschi (che temevano e temono la nostra competitività, ancorchè derivante dalla svalutazione del cambio) e persino per i loro alleati – o collaborazionisti – italiani (di cui Guido Carli era uno dei principali); ma incomprensibile per quanti, da posizioni di responsabilità e di non netta collaborazione con gli interessi stranieri, dovevano tenere al bene del Paese. Esclusi quelli, ovviamente, che ritenevano prioritarie le privatizzazioni per moralizzare l'Italia e speculare su di esse a costo di una crescente deindustrializzazione (che colpirà di più le grandi e medie imprese e, come si vedrà, di meno le piccole e piccolissime).

Prevaleva, negli orientamenti politici generali, che governi eterodiretti potessero svolgere una funzione catartica nei confronti dei tanto deprecabili difetti nazionali; l'idea gramsciana e storicistica, invece, che catartico sarebbe stato un autogoverno finalizzato al bene comune, non sfiorò quasi nessuno.

3. Anni '90: pieno ritorno al capitalismo finanziario

3.1 Dopo la crisi del sistema monetario europeo

Il modello capitalistico degli alti tassi di interesse aveva svolto i suoi compiti dimostrando tutta la propria insostenibilità. Cerchiamo di riassumere ancora una volta: i proprietari erano tornati in auge, gli Stati nazionali erano stati degradati al livello di qualsiasi altro operatore economico bisognoso di liquidità, la solidarietà fra popoli e all'interno di ciascuno di essi era stata accantonata, l'ideologia del primato esclusivo delle leggi del mercato – o legge della giungla – aveva consentito il trionfo del più forte (il meglio attrezzato finanziariamente, beninteso) sui deboli e la sottomissione della politica e della democrazia alla dittatura dell'economia e, andrebbe aggiunto, specie nel caso italiano, degli interessi stranieri.

L'insieme di queste circostanze non poteva durare a lungo e l'insostenibilità dei cambi fissi produsse, prima, costosissimi ed irragionevoli tentativi di resistenza alle forze che speculavano sul potenziale di crisi[25], seguito dal prevedibile e previsto crollo del sistema: settembre 1992.

Il secondo modello capitalistico era, dunque, durato solo una dozzina di anni, circa un terzo del primo, quello nato a Bretton Woods nel 1944 e sepolto a Tokyo un trentacinquennio dopo; il terzo modello, nato sulle ceneri dello SME alla fine del 1992, sarà invece il classico, classicissimo, capitalismo finanziario, incentrato sulle borse, dove l'obiettivo generale appare costituito dalla ricerca di valorizzazione dei titoli azionari.

Questo capitalismo finanziario, in più, rispetto a quello, quasi identico, naufragato con la crisi del 1929, presentò il consolidamento dei fondi pensione e degli investitori istituzionali, affermatisi in precedenza. Questi ultimi avevano conquistato "il mercato" – per un paradosso della storia ampiamente costituito dai risparmi degli stessi lavoratori – grazie agli allettanti rendimenti delle obbligazioni pubbliche che avevano caratterizzato gli anni ’80.

In altri termini, se la partecipazione dei lavoratori agli utili di impresa ed ai guadagni di produttività (oltre ai vantaggi assicurati dal Welfare State), fossero stati indirizzati al consumo[(26)]; se l’astensione da quest’ultimo, ovvero l’aumentata offerta di risparmio in un contesto di paura dell’inflazione e del cambiamento, non avessero contribuito al passaggio da una condizione di transizione verso l’ignoto[(27)] ad una ricerca di sicurezza e di protezione delle risorse da destinare al futuro[(28)], il passaggio agli anni ’80 sarebbe risultato ben diverso.

L’elevata remunerazione del risparmio e la sua destinazione ad assicurarsi certezza, invece di puntare ad un cambiamento degli equilibri sociali, riassumono l’evoluzione dei lavoratori da classe che aveva determinato le condizioni di una fuoriuscita dal capitalismo (contribuendo all’appiattimento dei margini di profitto) a classe che contribuisce al ritorno del capitalismo.

La paura riduce la domanda di beni di consumo durevole, condiziona l’evoluzione della consapevolezza, non spinge ad un aumento nella ricerca di beni immateriali e, quindi, contrasta un allargamento ulteriore dell’occupazione e della partecipazione, anche politica; l’elettorato premia chi predica un ritorno al passato in termini di pareggio tra spesa e risorse; con gli alti tassi di interesse sulle obbligazioni pubbliche, i nuovi padroni, gli investitori istituzionali ed i fondi pensione, promettono e sembrano determinati a mantenere un’elevata remunerazione del risparmio.

Questa è risultata pari al 7% in termini reali, perché tale era stato il rendimento del benchmark mondiale, i titoli del debito pubblico italiano durante gli anni ’80; e questo sarà il rendimento che i fondi pensione e gli investitori istituzionali dovranno continuare a chiedere alle borse (o, più esattamente, al management delle imprese industriali) dopo il 1992, dopo la caduta degli alti tassi di interesse sulle obbligazioni.

Dunque, gli investitori istituzionali, dopo il settembre del 1992, abbandonano le obbligazioni che non rendono più molto e – data la propria dimensione – divengono titolari dei pacchetti di controllo delle imprese quotate in borsa: al management, quindi, non chiedono espansione o conquista di quote di mercato, ma di incrementare il rendimento dell'investimento ovvero di ottenere che, in borsa, il titolo si rivaluti, annualmente, almeno del 7%.

Condizione, quest'ultima, ragionevole nei comparti innovativi e dell'emergente e-economy, ma del tutto fuori portata nei comparti tradizionali che, escluse le nicchie, rappresentano circa l'80% dell'intera economia; esattamente, nei comparti tradizionali (non innovativi, non nuovi, non "nicchie"), l'unico modo per riaprire i margini di profitto consiste nel ridurre l'occupazione di più di quanto non si riduca la produzione.

Non ha importanza, dunque, di quanto si ridurranno la produzione o le quote di mercato, ciò che conta è la riduzione dell'occupazione, nonché la sostituzione di lavoratori più anziani (più pagati, più esperti) con giovani meno pagati. Ecco perché le borse premiano, in questa fase, durante tutti gli anni '90, l'annuncio di licenziamenti, sebbene ciò possa accompagnarsi a tagli produttivi e perdita di quote di mercato: l'importante è che questi ultimi risultino minori delle riduzioni occupazionali.

Sembrano emergere tre considerazioni.

Prima. Fino a questo punto (gli anni '90), il profitto era il corrispettivo del rischio: dedotte tutte le spese dal fatturato, le tasse ed altre incertezze, il rimanente profitto spettava a chi, per realizzarlo, aveva affrontato il rischio stesso; con questo nuovo – perché veicolato dai grandi investitori istituzionali – capitalismo finanziario, invece, il profitto o, meglio, il saggio del profitto sull'investimento viene deciso prima (e a prescindere) dal ciclo del prodotto. Quindi, tutto il rischio viene rigettato sulla società, sui lavoratori, sulle famiglie, sullo Stato (ovvero quello che rimane di esso).

Finisce, coi grandi investitori istituzionali, l'etica del capitalismo che legittimava la percezione di profitto da parte dell'investitore/capitalista/imprenditore in base alla sua accettazione del rischio. Di qui nasce un grande vuoto, anche culturale, che viene colmato dalla scoperta dell'etica; appunto, l'etica che non c'è.

Seconda. Con gli anni '90, i cali produttivi e di reddito – come si vedrà – verranno compensati dalle importazioni di beni di largo consumo a prezzi bassi perché approntati in Paesi che, ammessi in modo funzionale e sistematico al commercio internazionale(29), saranno quelli che pagheranno di meno la forza lavoro, sfrutteranno i bambini, non avranno limiti ambientalistici o sanitari: chiameremo ciò globalizzazione, vale a dire premio dei produttori peggiori, dimenticandoci che, invece, sarebbe stato necessario sostenere il suo esatto contrario, vale a dire la diffusione di condizioni di vita e di lavoro più umane, delle regole della democrazia, della tutela della salute e dell'ambiente.

Terza. Comincia a venir introdotta – con la scusa che la riduzione dell'orizzonte temporale delle imprese (dovuta agli alti tassi interesse) ha influito negativamente sul volume degli investimenti produttivi e, conseguentemente, sulla disoccupazione giovanile(30) – una crescente flessibilizzazione del lavoro e la sostituzione dei lavoratori anziani.

Ciò segnerà l'evoluzione dei sindacati che abbandonano il terreno degli aumenti salariali e della resistenza sul potere di acquisto dei lavoratori(31) per accettare lo scambio tra occupazione e flessibilizzazione. Quest'ultima poteva anche essere necessaria, beninteso, in quanto il mondo del lavoro era molto cambiato durante gli anni '70 e successivi: in precedenza, la domanda di lavoro delle imprese riguardava, al 95%, lavoratori semplici e fungibili, per i quali il diploma di scuola media inferiore appariva un titolo, addirittura, esagerato; in seguito, domanda di lavoro qualificato, capacità di risolvere persino problemi per i quali non si era stati istruiti, lo sviluppo del comparto delle vendite e dei rapporti con la clientela finiranno per rappresentare oltre la metà della domanda complessiva, anche con ricorso a titoli di studio elevati.

Ma la flessibilità, in tutte le forme che potevano riguardare le imprese interessate[32], la si sarebbe dovuta scambiare con salario; ciò avrebbe definito il limite di convenienza per le imprese stesse a pagare di più il lavoro flessibile (a chiamata, stagionale, a termine) oppure stabilizzarlo.

L'aver trasformato una esigenza del nuovo modo di produrre (la necessaria flessibilizzazione, appunto) in un obiettivo, da massimizzare[33], ha creato, invece, il mostro: la precarizzazione.

I sindacati, dunque, alla fine degli anni '80 e con gli anni '90, hanno abbandonato la loro funzione storica per scambiare il loro appoggio alla flessibilizzazione del lavoro con la partecipazione agli utili riguardo alla gestione della lucrosa torta della formazione professionale; dove, peraltro, si è spesso finito per arricchire i formatori con ben scarsi risultati per gli aspiranti occupati (come vedremo presto nel corso della successiva testimonianza).

Infine, la sostituzione di lavoratori anziani con giovani[34] non ha migliorato il livello occupazionale, ma è stato un costo tutto scaricato (i prepensionamenti), sulla comunità e sulla spesa pubblica: tale aumento – nel periodo che si sta esaminando e che, come si cercherà di dire tra poco, comprende anche la prima grande riforma delle pensioni[35] (varata pure per affrontare i problemi generati dalla flessibilizzazione selvaggia stessa) – è esattamente pari a quello dell'incremento nella massa dei profitti nelle grandi e medie imprese industriali registratosi durante lo stesso trascorso.

3.2 Quarta testimonianza

Dopo il fallimento del mio tentativo di "cambiare l'economia italiana", come mi era stato detto in un primo momento, riparai al Ministero del Lavoro, retto, in quel governo, dall'amico Donat Cattin (di tutti i politici, forse quello che meglio di altri aveva ben compreso quanto fosse pericolosa e pericolante la situazione del Paese).

In realtà, quando me la prospettò, la soluzione non mi convinceva perché avrei preferito giocarmela in un'azienda – come la Breda Ferroviaria – con cui si era appena vinta la gara per la metropolitana di Washington (mentre si stavano delineando, all'orizzonte, i nuvoloni neri delle privatizzazioni). Ma, dopo l'esperienza del ritorno a fare il consigliere di un politico che, poi, per una ragione o per l'altra (si trattasse pure delle pressioni di Helmut Kohl), si tirava indietro, avevo pensato fosse giunto il momento di propormi in prima persona. In precedenza, avevo subito molti suggerimenti in tal senso; ma mi era sembrato giusto maturare – prima – esperienze professionali di rilievo e, dopo, propormi in Politica. Ovviamente, si trattava di una missione nella missione perché, in quel momento, se fosse stato per soldi o per potere, ci sarebbero stati ben altri "ponti d'oro", per me.

Andai, dunque, da mio padre la mattina della Befana del 1990 per comunicargli: 1) che mi separavo dalla mamma della mia prima figlia; 2) che avevo deciso di entrare in Politica, visto che, oramai, il mio progetto di essere il consigliere di qualche politico importante, addirittura di un Presidente del Consiglio dei Ministri si era rivelato concluso.

Della prima cosa mio padre non replicò nulla di particolarmente rilevante; sulla Politica, invece, si disse assolutamente contrario, non ritenendo né opportuno il momento, né io stesso in condizioni (soprattutto economiche) di reggere una cosa del genere; mentre riteneva molto importante che io continuassi a studiare e proporre soluzioni. Gli chiesi "solo" l'agendina con i telefoni dei suoi amici sindaci o ex sindaci del Lazio (che mi rifiutò) e gli feci presente che c'erano decine di amici professionalmente qualificati che mi appoggiavano, nonché parecchi imprenditori pronti a sganciare somme più che sufficienti a gestire un'adeguata segreteria.

La scelta di accettare la direzione generale del Ministero del Lavoro, d'accordo con Carlo Donat Cattin, riguardò la possibilità di avvicinare in modo più operativo le grandi problematiche sociali di cui mi apprestavo a proporre soluzioni.

Finalmente, in aprile, fu ufficializzata la mia candidatura all'Osservatorio sul Mercato del Lavoro, una direzione generale del Ministero che, però, non aveva dirigenti (quindi, per la normativa di allora, questo avrebbe potuto comportare difficoltà nell'impegnare le ingenti risorse – soprattutto per studi e ricerche – di cui disponeva); c'erano altri candidati e, allora, lo stesso Presidente del Consiglio si fece portare i curricula, ma decise che il mio appariva più completo. Fu così che, anche qui previo parere negativo di mio padre (che bisticciò sul tema con Donat Cattin e con lo stesso Andreotti), mi ritrovai direttore generale a soli 37 anni: allora fu un mezzo scandalo; i fatti provarono, in seguito, che la scelta sarebbe stata giusta se, poi, il Paese non fosse stato destinato, comunque, alla rovina.

Mi trovai in una situazione allucinante: tutto il personale era costituito da comandati provenienti da altre amministrazioni ed aziende pubbliche (in stretta minoranza professionalizzati, tra cui la dottoressa Maura Papo, il professor Enrico Marruco, il dr Paolo Tarantini dell'Inps e pochi altri, il resto lì solo per raccomandazione); mancavano i dirigenti, quindi c'erano difficoltà ad impegnare determinate somme; non funzionava nulla (a parte la bellezza dell'immobile, in Via Nazionale 46, nel pieno centro di Roma); la macchina di servizio andava malissimo, le gomme in condizioni pietose, dovevo entrare ed uscire dal finestrino fra la curiosità dei turisti; l'Osservatorio, tuttavia, aveva importantissime competenze tra cui quella di fornire ed elaborare le statistiche sul mercato del lavoro italiano che mancavano da tempo, con grave scandalo, su EUROSTAT.

Cominciai da questo problema. Esisteva una convenzione con l'ISTAT, ai tempi presieduto da Guido Rey (anch'egli allievo di Federico Caffè), condita dalla sterile polemica per cui noi avevamo dati amministrativi "veri" e completi, mentre l'ISTAT lavorava "a campione": dati e risultati sembravano incompatibili, ma il giochino ci costava oltre 4 miliardi delle vecchie lire senza che si venisse a capo di nulla.

Uno dei pochi che capiva qualcosa era l'informatico dell'INPS, Paolo Tarantini, il quale mi spiegò che, per elaborare dati così complessi come quelli provenienti da tutte le province italiane (escluse le Regioni autonome che non avessero una convenzione col Ministero, in pratica la sola Sicilia), occorreva l'ultimo, mastodontico e più potente cervello elettronico in circolazione, l'M1-01. Detto fatto, andai dal Ministro a richiederlo (anche perché la situazione delle mancate elaborazioni statistiche si andava facendo sempre più imbarazzante a livello europeo, stanti le difficoltà dell'ISTAT di andare oltre i propri dati campionari, nonostante la convenzione da noi profumatamente pagata); Donat Cattin si disse convinto di quella operazione e fece richiedere l'apparato.

Poco dopo, sconfortato, mi informò che si trattava di qualcosa di esageratamente costoso per il governo italiano.

In attesa di vere soluzioni, mi arrangiai, almeno, a fornire dati sulla disoccupazione provinciale, colmando, con nostre stime ed elaborazioni, le enormi lacune derivanti, appunto, dal mancato caricamento digitale dei dati: ciascuna Provincia, per ottenere contributi a causa di un tasso di disoccupazione particolarmente elevato, doveva fornire ed avere certificati da noi i dati stessi.

Così, mi accorsi che c'erano direttori provinciali che si adeguavano alle mie direttive (cancellando i disoccupati che non confermavano la propria condizione, i deceduti, ecc.) ed altri che, invece, gonfiavano i dati in tutti i modi e che non rispondevano a me, ma a qualche politico locale. Elaborai il "teorema della grappa": cancellavo io stesso dalle liste, in automatico (si fa per dire, non funzionavano bene nemmeno gli ascensori), gli iscritti da troppi anni, i quali lavoravano in nero a tempo pieno e quelli che, chiaramente, lo facevano per avere vantaggi, tipo gli studenti o i troppo giovani. Così, scoprimmo che i dati campionari dell'ISTAT e quelli elaborati col mio "teorema", diventavano compatibili! Avevo separato le elaborazioni statistiche dai diritti derivanti dall'essere inseriti nelle liste di disoccupazione ovvero dalla relativa anzianità di iscrizione.

Ma eravamo disperati; per ottenere qualche altro collaboratore di qualità, alzai il telefono e rimandai alle rispettive aziende ed amministrazioni di provenienza quasi tutti. Si scatenò l'inferno: ognuno aveva un santo importante in paradiso!

Ottenni, così, le risorse umane che mi servivano, ma rimaneva aperto il grande problema di un'elaborazione come si doveva, oltre le mie approssimazioni; finchè un giorno che, con Paolo Tarantini stavamo esplorando i sotterranei della sede alla ricerca di mobilio adeguato per i nuovi arrivati, mi imbattei in un enorme macchinario, tutto coperto di cellophane e polvere che tirai via con le dita e apparve la scritta: M1-01! Dunque c'era; era stato comprato; nessuno, però, lo sapeva.

Sbigottiti per la scoperta, incaricammo immediatamente chi di dovere a provvedere e dopo pochissimo tempo l'enorme apparato era pronto per l'uso. Così, ci accorgemmo che nessuno era in grado di farlo funzionare, non tanto per il caricamento dei dati, quanto per la loro elaborazione.

Le studiammo tutte, finché lo stesso Tarantini mi suggerì di rivolgermi a due hacker. Proposta indecente, ma la Patria doveva essere salvata: chiamai i vertici dei Carabinieri e della Guardia di Finanza coi quali avevo eccellenti relazioni e sottoposi loro il problema.

Così i due hacker, al nostro cospetto ed a quello di ufficiali dei due Corpi, lavorarono alcuni giorni alacremente, sistemando tutto: i dati giravano, le statistiche ufficiali elaborate con i nuovi criteri di una meccanizzazione adeguata all'ultima decade del secondo millennio.

Nel frattempo avevo sistemato le questioni burocratiche. Direttore del Personale (allora l'uomo più importante in un Ministero) era Pasquale Cozzolino, napoletano verace e socialista di ferro (in contrasto col nostro Ministro democristiano in quanto non appartenente alla corrente craxiana a lui più vicina). Di lui mi avevano detto un gran male i collaboratori di Donat Cattin; però, in uno dei nostri primi incontri, aveva pronunciato una frase che mi aveva consentito di non sentirmi profugo, ma a casa, in quell'amministrazione: "A Gallo', arricuordete che a chistu Ministero succedono cose tragiche, anche tragicissime, ma mai serie".

Così, approfittando di un corso di formazione per funzionari che si teneva a Caserta, feci finta di confidarmi con questi ultimi, lamentando il mio disagio per la grande stima che avevo di Cozzolino (cosa, peraltro, vera perché mi stava molto simpatico), ma che non potevo esternare essendo io legato alla "parrocchia" politicamente avversa; ovviamente, i giovani funzionari andarono a spifferare la cosa all'interessato. Risultato: nel giro di poche ore ebbi 4 uffici dirigenziali (grazie alla concomitante chiusura dei centri per l'emigrazione), una macchina di servizio con le portiere che si aprivano e le ruote a norma.

Infine, sguinzagliai i miei collaboratori ad un concorso di polizia che si teneva a Nettuno, con oltre 5.000 partecipanti per somministrare un questionario sulla loro condizione lavorativa; poiché i miei collaboratori non insospettirono i candidati, le risposte furono veritiere: oltre l'80% di loro svolgeva già lavoro nero e a tempo pieno.

Decisi di divulgare tale informazione e nacque una pubblicazione dal titolo: "Che lavoro fanno i disoccupati?". Piccolo particolare, sopra c'era scritto: Repubblica Italiana – Ministero del Lavoro e della Previdenza Sociale. Le polemiche che ne nacquero furono molto positive, assieme alla constatazione che avevo risolto il grande problema delle statistiche, così la stampa cominciò ad interpellarmi sui problemi attinenti l'occupazione e la disoccupazione, i flussi migratori(36) ed altro ancora.

Ma, intanto, avevo i dirigenti, la struttura gerarchica era stata costituita, potevo spendere con più tranquillità le notevoli risorse per le ricerche: ambiente, per la prima volta visto come fonte di occupazione e non come nemico di essa; il lavoro delle casalinghe (che comportò uno scontro ferocissimo con il mondo del femminismo, culminato in un'epica trasmissione del Maurizio Costanzo Show); l'osmosi tra economia ufficiale e sommersa che nascondeva il destino della maggior parte dei giovani, lavoratori in nero (e, quindi, disoccupati) fino a 30, anzi 35 anni, e poi miracolosamente assunti a tempo pieno e indeterminato. Avevamo la più alta disoccupazione, in Europa, tra i giovani fino a 29 anni e la più bassa tra gli ultratrentenni.

Forte di tutto ciò che mi girava intorno, sempre più critico verso le privatizzazioni, l'abbandono del nostro Mezzogiorno e delle aziende a partecipazione statale, reiterai la mia intenzione ad entrare in politica; slogan: "Un economista in Parlamento".

A parte l'entusiasmo di chi mi stava vicino e condivideva la mia critica e le mie proposte, sottovalutammo la portata e le conseguenze di altri commenti. Ad esempio, in estrema sintesi: "Ma a che serve un economista in Parlamento? E poi questo, così giovane e capace direttore generale, perché vuole anche una poltrona alla Camera? La lasci a chi non ha avuto le sue opportunità".

Con Donat Cattin condivisi anche l'esperienza del semestre italiano di presidenza dell'Unione Europea: viaggiavamo continuamente con l'aereo militare e il capo si divertiva a creare, alla Commissione, un ambiente dove io dovevo essere preso come il principale riferimento sulle materie occupazionali e dintorni (scusate se è poco); ad un certo punto Donat Cattin prendeva l'iniziativa di contraddirmi fino al punto di dichiarare che io non contavo nulla e che il Ministro era lui; alla fine, quando tutta l'attenzione dei politici, dei funzionari e degli esperti dell'Unione era su di lui, concludeva – per generare il massimo dello scompiglio possibile – che ci si era sbagliati, perché le uniche tesi ragionevoli erano quelle del dottor Galloni. Che pazzo: l'Europa proprio non la sopportava!

Alla fine, chiamò Franco Marini per dirgli che io dovevo andare alla Camera (elezioni con preferenza unica del 1992) perché, in Italia, ero l'unico con adeguata visione strategica, in grado di riunificare sinistra politica e sinistra sociale della Democrazia Cristiana; Marini, invece, sarebbe stato il capo organizzativo della corrente di Forze Nuove, doveva ragionare prima con Enzo Scotti (Donat Cattin sapeva che, anche con il 3%, in un partito dinamico, si possono conquistare le maggioranze e dettare le grandi scelte) poi poteva aprire allo stesso Andreotti, in una logica di consolidamento del rapporto con Bettino Craxi. Marini non mi perdonò mai quella serata; e, pur stimandomi, mi considerò sempre un talebano, laddove Donat Cattin, invece, mi lasciava fuggire in avanti per poi riacchiapparmi in una dinamica di mediazione ai livelli più avanzati possibile.

Purtroppo, per me e per tutti, alle elezioni del 1992 Donat Cattin non ci fu, avendoci lasciato un anno prima (anche sulla sua morte, però, avrei qualcosa da aggiungere: perché andarsi ad operare a Montecarlo quando le Molinette, per dei by pass, risultavano qualificatissime? Era stata l'anestesia sbagliata (già), ma perché ci nascosero la cosa per mesi, mentre l'avvocato Gallo – che imitava benissimo la sua firma – siglava tutti gli atti del Ministero?)

Delle elezioni del 1992, dirò solo poche cose: 1) la gente mi era favorevole finchè – in prossimità delle elezioni, come spesso accade – moltissimi cominciarono a pensare in termini utilitaristici, sia generici, sia specifici (la corruzione sui voti di preferenza, soprattutto con quella unica[(37)], risultò elevatissima); 2) molti miei sostenitori vennero minacciati, soprattutto in provincia di Latina; a Fondi una ragazza che fu l'unica a restarmi fedele con la sua famiglia – mi disse 53 voti e 53 furono – venne schiaffeggiata per strada, episodio che rischiò di innescare un'intifada tra gruppi avversi al mercato ortofrutticolo (come noto, uno dei più grandi d'Europa); a Formia, un mio amico commerciante subì il ricatto del ritiro della licenza se avesse continuato ad appoggiarmi; a Priverno, un mio sostenitore venne escluso dalle assunzioni dei "trimestralisti", gli dissero "Come ti permetti a chiedere il lavoro con quello che hai fatto? Tentare di far votare a un Nino Galloni?"; 3) nelle province dove i miei non subirono vessazioni, arrivai a prendere più preferenze degli altri eletti; 4) all'ultimo Consiglio Nazionale della DC (anche se non ero Consigliere) sostenni, in piena Tangentopoli, che bisognava togliere l'iniziativa alla magistratura, ritirando tutti gli uscenti (finì a sediate e Andreotti commentò: "Con tutto quello che gli abbiamo dato, guarda come si comporta"); 5) dissi che l'unico errore di Craxi era stato di credere che la forza della DC fossero corruzione e clientelismo, quando invece si trattava della sua debolezza, anzi, glielo dissi di persona durante un lunghissimo colloquio in cui voleva sapere le origini troinesi delle nostre famiglie[38]; 6) ritenevo che le ragioni più profonde del clientelismo e della corruzione risiedessero nella fragilità delle istituzioni e nella scarsità di occasioni lavorative decenti (infatti, il primo punto del mio programma consisteva nel negare le raccomandazioni, sostituendole con la creazione di abbondanti opportunità occupazionali: mi dissero che non era questa – la politica – la sede giusta per tali ragionamenti); 7) Mino Martinazzoli ed altri avevano già deciso la sorte della DC e la successiva spaccatura tra destra e sinistra sembrerà accontentare tutti, nell'attesa del grande passaggio di consegne agli eredi del PCI, da una parte, e dell'uomo della Provvidenza, dall'altra.

Se fossi stato eletto, molte cose sarebbero andate diversamente, forse: a determinate condizioni, l'elezione di Rutelli, già decisa a tavolino da Martinazzoli ed altri, non si sarebbe realizzata; parimenti, ci sarebbero state alternative a Silvio Berlusconi, di cui, tra non molto, cercherò di dire.

D'altra parte, la stessa "mani pulite" risultò emanazione dell'ingerenza americana in Italia, desiderosa di vendicare l'eccessiva indipendenza nazionale di molti democristiani e craxiani. In fondo, si era creata una situazione dove i moralizzatori (a volte solo ipocriti moralisti) propugnavano la perdita di autonomia del Paese; ed i fautori dello sviluppo, considerati come spreconi e rubagalline. Al proposito, benpensanti di sinistra, un giorno mi dissero: "Ciò che si teme di te è che tu, l'onesto, ti metta a capo di un esercito di disonesti in nome dello sviluppo e dell'occupazione".

Un episodio postelettorale merita di venir ricordato. Mi telefonano alcuni amici di Latina e mi chiedono appuntamento (avevano preferito votare un onest'uomo, un poeta, una persona gentile); penso, eccoli, vengono a domandare un posticino di lavoro per qualche figliolo ecc. ecc.

Invece no; cosa vengono a fare? "La strategia, Galloni, adesso devi darci la strategia". "La strategia? La chiedete a me? Chiedetela al vostro candidato! Che l'avete votato a fare?". "Eh no, caro Nino, un conto è la Politica dove servono idee, proposte e strategie; un altro conto le elezioni". "D'accordo ragazzi: sono io che non ho capito niente, grazie, arrivederci".

Mi rimboccai le maniche, ripresi il mio lavoro; intanto, dopo varie vicissitudini, era arrivato come Ministro Gino Giugni che mi conosceva fin dai tempi dell'Università. Si ricordò della figura scientifica di mia madre, una pioniera del Diritto del Lavoro (e della filosofia del Diritto) e mi disse: "Io sono il padre dello Statuto dei Lavoratori, ma la madre è tua madre!".

Intanto era nata la mia seconda figlia, il 28 maggio del 1993, Maria Isabel e avevo incontrato la mia nuova compagna circa tre anni prima.

Intanto era a regime, col decreto legislativo 29, la nuova normativa per i dirigenti che prevedeva la separazione tra funzioni, politica e gestionale.

Dopo poco, visto quello che avevo fatto e siccome Giugni necessitava di un dirigente con determinate caratteristiche per la Direzione Generale della Cooperazione (una posizione veramente importante ed ambita nell'amministrazione), me la propose.

Si cambiava vita. Qui tutto funzionava come un orologio: alzavi il telefono e arriva il funzionario giusto; chiedevi una statistica, una normativa, qualsiasi cosa ed eccola!

L'Osservatorio sembrava un vascello in preda ai marosi, mentre in quest'altra direzione generale pareva di essere dentro a un sottomarino; armato con testate nucleari, però.

La prima bomba nucleare era costituita dalla grande capacità del sistema cooperativo di creare posti di lavoro veri, per la semplicissima ragione che l'obbiettivo di queste imprese consisteva nella valorizzazione del lavoro, mentre quella del capitale – che, beninteso poteva starci – costituiva un optional; il bilancio era un vincolo (anche un piccolo profitto lo divenne quando, con la legge n. 56 messa a regime proprio quando prendevo la responsabilità della Direzione Generale – maggio '93 – veniva stabilita una nuova normativa che prevedeva la presenza di soci finanziatori e soci sovventori, ossia capitalisti a redditività contenuta, ma non zero: è logico che la debolezza della cooperativa finiva per risultare quella finanziaria, ma la soluzione mi sembrava peggio del male – la debolezza – perché si allargava il vincolo; sottovalutando che, per la loro natura giuridica e la tutela che l'ordinamento gli riconosceva, le cooperative disponevano di altra strumentazione per affrontare le crisi rispetto alle imprese lucrative).

Ovviamente, come è avvenuto per l'energia atomica, se ne poteva disporre bene o male: da una parte, si costituivano finte cooperative solo per avere vantaggi dal lato contributivo (tutti vantaggi che l'espansione della flessibilizzazione selvaggia del lavoro ridimensioneranno notevolmente); dall'altra, emergevano forme cooperative che, non tanto per la enorme dimensione, quanto per le conseguenze organizzative di quest'ultima, spingevano alla perdita della mutualità[39] e delle caratteristiche del comparto (fosse solo per gli elevatissimi stipendi dei manager rispetto al resto dei soci lavoratori).

La seconda bomba atomica riguardava la vigilanza, allora suddivisa tra ordinaria (che poteva esser delegata alle grandi associazioni di cooperative) e straordinaria, di competenza esclusiva del Ministero, ma per la quale – ovviamente – mancavano i fondi necessari.

Dentro un armadietto di ferro, tenuto gelosamente chiuso

da alcuni funzionari, si trovavano le carte relative ai mancati investimenti pubblici per creare occupazione grazie a questo potentissimo strumento: decisi che fosse il mio primo compito indire delle gare e spendere quel danaro per creare lavoro. Ero piuttosto deciso e non incontrai nessuna difficoltà né ad indire le gare, né a formare una commissione giudicatrice imparziale, né ad effettuare tempestivi pagamenti utilizzando un istituto – il Luzzatti – che, essendo un ibrido tra pubblico e privato, poteva veicolare i pagamenti riducendone i tempi a due, massimo tre mesi. Anche a quei tempi la pubblica amministrazione penava anni prima di saldare i suoi debiti e ciò determinava situazioni di crisi, a volte irreparabile, per le imprese[40].

Scopersi anche una convenzione con la RAI per trasmissioni di promozione del comparto che, pur essendo costosissima, non era mai stata utilizzata! Detto fatto, mi imposi in quasi tutte le trasmissioni della tv pubblica aggiungendo, ai buoni risultati dell'ambito occupazionale, una certa notorietà.

Inoltre, entrò in vigore, all'inizio del 1996, la raccolta del 3% dei profitti delle cooperative a favore dei fondi di promozione delle stesse: uno privato per le cooperative aderenti alle quattro centrali riconosciute ed uno pubblico, facente capo al Ministero, per le cooperative non aderenti; mi derisero, pensando che il fondo del Ministero non avrebbe raccolto quasi nulla, essendo considerate, tali cooperative, entità poco serie e tendenti al sommerso. Contrariamente alle attese, invece, arrivarono versamenti enormi che inquietarono un po' tutti; la mia intenzione era di formare un fondo a rotazione con prestiti senza interessi (stavo introducendo una banca islamica nella pubblica amministrazione italiana), ma la Corte dei Conti si oppose e mi costrinse a contributi a fondo perduto. Dentro le Centrali cooperative molto massoniche c'era anche chi mi apprezzava e sperava di ripetere l'esperienza della banca islamica che, come detto, non ci fu. Purtroppo.

Il comparto più delicato, però, si rivelò quello dei commissariamenti e delle liquidazioni coatte amministrative (fallimenti con salvaguardia degli interessi sociali di tutti gli stakeholders) dove ruotavano valori finanziari impressionanti: il provvedimento spettava al direttore generale, mentre il Ministro aveva l'ultima parola sulla nomina dei commissari. Tralasciando le piccole liquidazioni che potevano interessare un professionista solo marginalmente e le grandissime che coinvolgevano politicamente interi territori, nelle vie di mezzo (che pure riguardavano operazioni del valore di miliardi di lire perché il profitto delle cooperative, per definizione, non veniva attribuito ai soci, ma accumulato in azienda e portato a riserve) riuscivo sempre a piazzare qualcuno[(41)].

Così, formai un corpo di commercialisti e avvocati esterni, ai quali, in cambio, chiesi di offrire consulenza gratuita alle piccole cooperative ovvero a quelle che avevano scelto di non aderire alle grandi centrali cooperative: quelle riconosciute dal ministero – perché avevano superato le mille unità iscritte – erano quattro[(42)].

Il risultato finale fu: la pubblica amministrazione era più efficiente, più generosa e più rapida dei privati, persino nei pagamenti. Le nuove cooperative, dunque, sceglievano di non aderire né alle grandi (Confcooperative, Lega), né alle piccole (AGCI, UNCI) centrali riconosciute.

Fui, dunque, dichiarato dalle grandi centrali massoniche (Rosse e Bianche) nemico del movimento cooperativo, intendendo con quest'ultima espressione, che stavo pestando i piedi molto in alto.

Comunque, le nuove cooperative e quelle che, storicamente, non avevano mai aderito alle centrali private[(43)], versavano al Ministero i contributi per la vigilanza ordinaria, a cui si aggiungevano gli stanziamenti in bilancio per la formazione di ispettori.

Un'enorme quantità di denaro pubblico che spendevamo per spiegare ai neo-ispettori – fiancheggiati dai professionisti che collaboravano già con noi per liquidazioni e commissariamenti – che, se non si riscontravano gravi reati, bisognava collaborare con le aziende per realizzare gli adempimenti previsti dalle norme. E chi meglio di noi funzionari, impiegati, ufficiali o incaricati di pubblico servizio conosceva tali adempimenti?

Rimaneva aperto il problema delle ispezioni straordinarie; per cui, ovviamente, non c'erano i fondi, in quanto il relativo capitolo di spesa risultava estremamente modesto e non si potevano usare le pur ingenti risorse delle ordinarie.

Nella normativa al proposito, infatti, c'era una virgola inequivocabile; dopo essermi consigliato col mio amico Andrea Monorchio, Ragioniere Generale dello Stato, sulla possibilità di utilizzare le risorse delle ordinarie (una volta eliminata la fatidica virgola) purchè non variasse la spesa complessiva per lo Stato, mi recai alla Camera ed al Senato per la variazione: raccolsi una maggioranza che comprendeva la Lega, Rifondazione Comunista, Alleanza nazionale e vari simpatizzanti di sinistra e di centro, ottenendo il risultato.

Non solo ero stato dichiarato nemico della Patria perché avevo dimostrato che la pubblica amministrazione può funzionare meglio dei privati, a patto di motivare dirigenti, funzionari, impiegati (e sconvolgendo tutta la stupida cultura corrente), non solo mi ero preso una rivincita nei confronti di uno dei capi della massoneria che, al momento del mio ingresso nella pubblica amministrazione, mi aveva ammonito "Nino, non ti sognare di far funzionare la pa italiana", ma avevo persino unito forze politiche diverse per un comune e sano obiettivo. Allora, un direttore generale contava più di un Ministro, c'era separazione tra politica e gestione[44] a tutti i livelli, ognuno poteva e doveva fare il proprio mestiere: il politico assegnare obiettivi e risorse e controllare che detti obiettivi venissero conseguiti, senza entrare nel merito della gestione e delle strategie che il manager elaborava. Quando tale schema verrà sconvolto – nonostante le parole dei dettati normativi successivi[(45)] – perché l'evoluzione della politica e dello status economico dei funzionari porterà al loro completo asservimento alla Politica stessa, le possibilità di soddisfare i bisogni dell'utenza cominceranno a venir sconvolte.

Dovevo difendermi da vari attacchi, ma ad un certo punto decidemmo di vederci chiaro all'interno delle centrali private: perché denunciavano 20.000 aziende iscritte e poi ne controllavano solo la metà? Incassavano i contributi ispettivi ordinari (che erano una tassa) e poi svolgevano la metà del compito. Mandai un'ispezione alle centrali cooperative stesse per scoprire che metà delle loro iscritte non erano affatto operative. A quel punto, le medesime Centrali Cooperative chiesero un incontro con il Presidente della Repubblica Oscar Luigi Scalfaro allo scopo di lamentarsi della situazione. In quei giorni, il Presidente ricevette un dossier su di me in cui ero indicato come il più importante sovversivo della Repubblica: infatti, mi incontravo regolarmente col Presidente della Caritas, Monsignor Luigi di Liegro[(46)], che aveva riabilitato Renato Curcio e con Gianni Alemanno (allora responsabile delle cooperative di Alleanza Nazionale); quindi, si trattava di un progetto eversivo del Vaticano con a capo la Caritas e di cui io ero l'amministratore delegato, per conto dell'estrema sinistra e dell'estrema destra. Come i Servizi segreti, civili e militari (Carabinieri), considerassero la Caritas, la dice lunga sugli irrisolti rapporti tra Stato italiano e Vaticano: molti alti prelati erano massoni, come alti vertici dello Stato, ma la Chiesa si trovava in una posizione differente; anche la posizione dei Carabinieri era singolare perché tendevano ad essere più autonomi, pur con una presenza significativa (ma non esclusiva) di importanti massoni nei vertici. La cosa potrebbe far sorridere o piangere, ma i Servizi segreti italiani controllavano me e, fino all'uccisone del professor d'Antona (maggio 1999), venivo ancora considerato il pericolo pubblico n.1!

La mia testa fu dunque data, nel novembre del 1996 e, sebbene il mio Ministro Tiziano Treu avesse tentato un'ultima debole difesa, chiedendo inutilmente a Franco Marini se io potessi venire aiutato, venne firmato un provvedimento illegittimo – mancava il mio assenso al cambio di incarico[47] – ma rinunciai al ricorso, pensando sbagliato "Stare in paradiso a dispetto dei Santi".

Prima di tornare alla mia testimonianza sulla questione più grave e devastante, vale a dire il passaggio dalla flessibilità come vincolo alla precarizzazione come obiettivo, vorrei riassumere l'evoluzione della funzione pubblica e dell'alta dirigenza in Italia durante gli anni '90. Questione, infatti, che pure mi aveva coinvolto e sconvolto sia professionalmente che emotivamente.

All'inizio, soprattutto per quanto riguardava l'amministrazione centrale, troppo potere stava ai direttori generali del personale in quanto depositari di tutte le risorse dei Ministeri stessi.

A seguito della riforma del decreto legislativo 29/93, invece, non solo la responsabilità, ma anche l'organizzazione dei centri di spesa spettò direttamente ai dirigenti interessati.

Questa suddivisione che, pure, poteva prestarsi ad abusi, tramite spacchettamenti[48] ed altro, tuttavia mostrava il pregio di distribuire le responsabilità finanziarie in base al grado e, quindi, ai compiti.

Con l'introduzione del sistema maggioritario, caratterizzato dal suo teorico dualismo ("o di qua o di là") e dalla fine del pluralismo proporzionalistico, sembrava essersi trovato un equilibrio nella netta separazione tra politica e gestione: i politici dovevano indicare gli obiettivi, fornire le risorse e controllare; i responsabili dell'amministrazione elaborare le strategie, organizzare le risorse e dimostrare di avere fattivamente operato (raggiungimento degli obiettivi). Due questioni andavano chiarite: cosa significa obiettivo; cosa si dovesse intendere per strategie.

Per obiettivo doveva intendersi generica o specifica individuazione dello stesso: ad esempio, "occupazione" (generico) oppure occupazione femminile al sud (specifico).

La strategia è il modo per conseguire tale obiettivo, vale a dire le linee di azione.

L'assemblea di Atene decideva la guerra ai Persiani (decisione politica) e nominava il Politico, ad esempio Pericle; quest'ultimo incaricava "o strategos" che decideva dove piazzare le navi, ecc. ecc.; il sistema prescelto, dunque, serviva ad evitare che il politico potesse decidere se comprare e/o affittare la nave dal cognato o dall'amico e perdere la guerra.

Così, il Ministro mi dava l'obiettivo, ma poi sceglievo io – in base ad una gara ad evidenza pubblica – a quali cooperative affidarsi per realizzare, nell'esempio concreto, la crescita delle imprese meridionali al femminile. Ovviamente, spettava poi al politico stesso giudicare se l'obiettivo era stato conseguito.

Così, con l'introduzione della separazione tra politica e gestione, abbandonai la prima (pensando che la definizione degli obiettivi sarebbe stata una missione fin troppo semplice, soprattutto con un sistema maggioritario, teoricamente dualistico) per dedicarmi esclusivamente alla seconda, in quanto valutai che il rinvenimento di strategie ed il problem solving si sarebbero potute rivelare sfide molto più interessanti.

Col senno del poi, si sarebbe rivelato un enorme errore: alla fine, l'alta dirigenza sarebbe stata, pur con qualche eccezione(49), esautorata, mentre i politici avrebbero conquistato tutto il potere.

Ma cerchiamo di andare con ordine: la "frattura" si ebbe con il governo Dini perché la soluzione di un governo di tecnici (di professori), invece che, in quell'emergenza, di un "governo istituzionale"(50), rappresentava una palese contraddizione in un sistema di tipo maggioritario e che aveva rafforzato la separazione tra politica e gestione.

Il Ministro Treu diceva "Il tecnico sono io", viste anche le sue notevoli qualifiche accademiche e professionali; "No" rispondevo: "Lei è il politico, mi deve assegnare gli obiettivi e poi controllare che io li raggiunga".

In effetti, finché le grandi direzioni generali mantennero il potere di emanare circolari applicative delle norme, ovvero le Leggi non comportassero troppe deleghe al Governo, il potere restò saldamente nelle mani dei funzionari apicali.

In altri termini, col sistema maggioritario, occorreva che il Parlamento approvasse leggi di indirizzo generale ed il Governo indicasse obiettivi, coerentemente; i manager avrebbero dovuto elaborare le strategie per conseguirli.

Ma via via, dopo quella prima "eccezione" e dopo un periodo di "braccio di ferro" coi politici (che per me si concluse con la estromissione dalla direzione il 15 novembre 1996, ma, in generale, per i miei colleghi, non molto dopo), il potere cominciò tutto a slittare verso i politici.

Non si trattò della normativa approvata negli anni immediatamente successivi; ma di una situazione soprattutto di fatto, in cui scaddero molte amministrazioni perché la legge stessa non veniva applicata con rigore più da nessuno (o quasi). Nella carriera prevalse il timore, in quanto, adesso, era il Ministro che firmava contratti e trattamento economico; tecnicamente poteva delegare tale compito, col risultato che qualunque suo collaboratore interpretava, aggiungeva, toglieva, soprassedeva a, sottaceva, promuoveva in un ambito delicato della vita concreta di un dirigente, vale a dire il suo stipendio.

Ad un certo punto, ci fu notificato che i funzionari non rispondevano più alla Nazione come recitava la Carta Costituzionale, ma erano divenuti "governativi": una differenza immensa; nel primo caso il tuo compito consisteva nell'offrire resistenza alle mire del politico di turno[51], nel secondo non potevi esimerti dal puntuale e possibilmente acritico ossequio alle disposizioni del Ministro in carica o dei suoi stretti collaboratori. Fummo contrattualizzati, vale a dire "privatizzati" e, quindi, la sottoscrizione di un contratto e la relativa classe di reddito dipendevano dal gradimento o, spesso, dal capriccio, del politico di turno. In seguito, la Corte dei Conti e la normativa hanno posto chiari freni alle degenerazioni; ma la sostanza è rimasta invariata e penalizzante per gli alti dirigenti che svolgono con onestà il proprio lavoro. La loro contrattualizzazione andrebbe rivista.

Aumentò l'arrivo di esterni che, di fatto, divenne la regola; in occasione dell'introduzione dell'euro – a fronte di un grave ridimensionamento dei nostri poteri – constatammo che i milioni di lire erano diventati migliaia di euro. Ci fu tolto potere, dunque, e raddoppiati gli stipendi (bene o male eravamo ancora una categoria protetta); in seguito ci furono ridotte le paghe ed eliminati i privilegi (macchine, ecc.).

Perché favorire una categoria se essa non conta più molto?

L'incarico, molto meno importante (e, tuttavia interessante) che mi fu imposto senza il mio consenso, alla fine del 1996, riguardava le politiche occupazionali giovanili; mi lasciarono un minimo di struttura e piena libertà di espressione.

Sul "pacchetto Treu" (misure di flessibilizzazione) mi ero già espresso negativamente anche aggiornando la voce "Occupazione" dell'Enciclopedia Treccani ed avevo litigato con parecchi sottosegretari sulla pericolosità e la gestibilità dei cosiddetti lavori socialmente utili; mentre, circa l'emersione, avevo specificato come la principale misura dovesse incidere – attraverso la regolarizzazione nei rapporti con le banche (in termini di umanizzazione) – sulla discrepanza temporale tra pagamenti delle imprese (ad uno, due o tre mesi) e incassi (a quei tempi, 6 mesi ed oltre).

Così scorsero il '97 ed il '98, con l'arrivo di Bassolino ed il peggioramento della situazione del Lavoro, anche perché il quadro normativo che si prospettava sarebbe andato a erodere altri diritti degli occupati, senza risolvere il problema delle assunzioni che, nelle mie grida, anche sulla stampa di sinistra, dipendevano non dal costo della manodopera, ma dall'andamento di domanda aggregata e produttività.

Intanto, il 17 marzo 1999, era nato il mio terzo figlio, Giovanni Maria e proprio la mattina del suo Battesimo, il 20 di maggio, i terroristi uccisero il professor d'Antona. Da una parte, ciò spinse a moderare i termini della mia polemica (tutti i contrari alla precarizzazione selvaggia, in primis i vertici della CGIL – che pure aveva avuto tante responsabilità nella trasformazione della flessibilizzazione – furono sospettati per quell'inaspettato omicidio); dall'altra, smontò l'interesse per me dei Servizi segreti civili (quelli militari avevano smesso da tempo, anzi, capito di avere davanti una persona piuttosto perbene).

Così, di lì a poco, con l'arrivo di Cesare Salvi come Ministro, ebbi restituito un incarico di livello, la Presidenza del Comitato Tecnico per la valutazione degli interventi di cassa integrazione straordinaria nelle grandi imprese.

In seguito, Cesare Salvi mi incaricò di delineare una riforma del Ministero razionalizzando la dispersione di competenze, soprattutto per quanto riguardava gli ammortizzatori sociali e gli interventi a sostegno dell'occupazione (fino a quel punto suddivisi tra tre diverse direzioni generali e lo stesso Comitato Tecnico che presiedevo): tale riforma è rimasta in vigore fino ad oggi ed alla prospettata riforma per Agenzie, prevista a gennaio 2016.

Mi si presentò la possibilità di andare a fare il direttore generale dell'ISFOL (Istituto per la Formazione e l'Orientamento dei Lavoratori), ma i responsabili della CGIL si recarono dal Presidente del Consiglio pro tempore, Giuliano Amato, con la seguente considerazione "Ah, volete fare Nino Galloni direttore dell'ISFOL? Bene! Quello capisce, quello ci rovina!".

Avevo progetti ben precisi per l'incontro tra domanda e offerta di professioni, quindi sull'orientamento dei lavoratori, che avevo maturato sia nella mia esperienza all'Osservatorio, sia in quella alle imprese cooperative e, non ultimo, con Treu che mi aveva inviato diverse volte in missione in Catalogna, dove esisteva un modello veramente interessante(52); forse, li avrei rovinati.

In alternativa, al momento di conferirmi l'incarico di responsabile della nuova direzione degli ammortizzatori sociali di cui ero stato "o strategos", furono presi da scrupoli, essendo imminente l'arrivo di un nuovo Ministro dopo le elezioni del 2001, appena vinte dal Centrodestra.

Comunque, a destra avevo estimatori, sebbene non avessi mai ceduto alle loro richieste di iscrivermi a Forza Italia o ad Alleanza Nazionale: pronto a collaborare lealmente, ma alle tessere ero un tantino allergico, soprattutto a quelle finalizzate a sostituire (o nascondere?) i meriti.

Il nuovo Ministro, Roberto Maroni, dovette affrontare due gravi questioni, l'omicidio di Marco Biagi e le conseguenze epocali degli attentati dell'11 Settembre.

Alla fine si spaventò della multa stratosferica (100 miliardi delle vecchie lire) che avevo comminato alla Telecom per una cassa integrazione inappropriata e, invece di darmi la direzione generale che avevo riorganizzato (o una mano al concorso alla Fondazione che l'Unione Europea aveva a Dublino per le ricerche sul mondo del lavoro che stava vincendo), mi comunicò la mia destinazione all'organo di controllo dell'INPDAP (Collegio dei Sindaci) che pose fine alla mia esperienza di amministrazione diretta.

Gli ultimi eventi al Ministero dopo l'assassinio di D'Antona furono tragici. Ancora una volta, sotto la sigla delle Brigate Rosse, fu stroncata un'opposizione necessaria alla linea della flessibilizzazione selvaggia; che nemmeno Biagi voleva: mi scriveva sempre per chiedermi consiglio ed io non mancavo di esternargli, in tutta franchezza, le mie perplessità. Il problema è che ogni cosa sembrava strumentalizzata e non chiara nelle sue finalità: terrorismo, mafia, moralizzazione, flessibilità, privatizzazioni, difesa della democrazia tutte espressioni dietro le quali albergavano interessi intrecciati, inconfessabili, non autoctoni, non autentici.

3.3 La fine del capitalismo finanziario

Nella tarda primavera del 2001, gli operatori di borsa si accorsero che i rendimenti dei titoli non risultavano più costanti o crescenti, ma decrescenti. Cominciò, quindi, ad operare la speculazione al ribasso. Le grandi famiglie della finanza hanno resistito nei secoli proprio perché attrezzate a difendersi e guadagnare in qualsiasi situazione: semplificando, boom e crolli(53).

Ma il classico capitalismo degli anni '90 aveva ripristinato anche la "banca universale", vale a dire abrogato la normativa degli anni '30 che era riuscita ad introdurre la netta separazione tra credito e finanza: tale separazione aveva assicurato, per oltre sessant'anni, riparo dalle crisi bancarie; durante gli anni '90, infatti, il boom della borsa ed il ripristino delle banche universali avevano spinto queste ultime a tentare tutte le forme di speculazione azionaria e sui titoli, offrendone a man bassa ad ignari quanto creduloni clienti. Così, depositi e conti correnti furono trasformati in lucrose promesse per i risparmiatori che poi, come sempre, si sarebbero trasformate in trappole.

Ora, il punto è che le banche, a differenza delle grandi famiglie della finanza, non erano attrezzate per guadagnare, resistere, garantire alti rendimenti, anche in condizioni di crisi e speculazione al ribasso; il loro boom si interruppe prematuramente e, come sempre si fa in banca in tali casi, vennero avviate operazioni di derivazione(54), nell'attesa di una ripresa dell'economia che avrebbe consentito di ripristinare la situazione di equilibrio finanziario.

Qui giocarono due fattori, nella migliore delle ipotesi, ideologici: 1) l'idea che la normalità, appunto, rappresenti una situazione in cui tassi di rendimento delle attività finanziarie, interessi sui prestiti ed andamento dell'economia reale siano compatibili tra di loro, generando sostenibilità; 2) le previsioni di rapida e sicura ripresa.

La media del rendimento delle attività economiche reali, calcolato in base al valore del sovrappiù(55), non può venir stabilmente superato dal tasso di rendimento sulle attività creditizie e finanziarie o interesse(56); ma se il rendimento delle attività reali che viene preso in considerazione riguarda quelle più redditizie (comparti nuovi e innovativi(57), "nicchie", ecc.), le altre, sia che rimangano fuori, sia che si debbano adattare(58), subiscono una situazione di emarginazione che determina insostenibilità. Quindi, la sostenibilità di un qualsiasi tasso di rendimento delle attività finanziarie dipende dal suo adattamento all'andamento dell'economia reale che, per essere in equilibrio, richiederebbe un rendimento negativo, ovvero una riduzione del quantum (o "capitale"): esattamente ciò che accade nelle nostre società, quando i valori (ad esempio, immobiliari) si perdono ed i risparmi si contraggono.

Per il secondo fattore, le operazioni di derivazione si giustificano se la ripresa è certa e prossima: quindi, subito dopo l'inizio di questa crisi (tarda primavera del 2001) – che, come si sta cercando di dire è stata prima di tutto crisi di modello economico sociale e dell'economia reale – è cominciata la ridda di previsioni ottimistiche, a breve e brevissimo termine, di esperti, premi Nobel, centri di ricerca, osservatori, economisti, mass media, tutti d'accordo. La ripresa è vicina: prossimo trimestre, prossimo semestre; e giù coi derivati e con scriteriati comportamenti volti a garantire gli interessi promessi ai vecchi clienti, proprio utilizzando i capitali conferiti dai nuovi. E, poiché la ripresa non arrivava, ma era certa e prossima, derivati sui derivati e derivati di terzo grado e via con ogni tipo di titolo tossico. Risultato: in oltre 14 anni di crisi dell'economia (poi si parlerà della finanza in senso stretto col 2008), sono stati creati 800.000 miliardi di dollari di derivati "primari" e, per sostenerli, altri 3,2 milioni di miliardi di dollari di titoli tossici aggiuntivi, per un totale di 4 milioni di miliardi, vale a dire 54 volte il PIL mondiale (che era solo di 74.000 miliardi di dollari).

Ma perché non c'è stata ripresa nei Paesi occidentali (la situazione dei BRICS cercheremo di analizzarla nel prossimo capitolo)? Perché l'unica politica tentata ha portato al fallimento: una riduzione delle tasse (che restituisse risorse e capacità di acquisto ai privati) controbilanciata da una pari riduzione della spesa pubblica.

Risultato, i poveri – non assoggettati a tassazione – non hanno avuto nulla; la classe media ha subito vistosi peggioramenti perché il maggior costo dei servizi – dovuto al calo delle spese pubbliche – è risultato superiore al mutato impegno tributario; i ricchi, che già pagavano e usufruivano di servizi privatamente, non spendevano di più per consumi[(59)], ma nemmeno per investimenti reali[(60)], in quanto aspettavano appunto la ripresa per farlo.

Le uniche due politiche conosciute per determinare una vera ripresa sarebbero state e sono: la spinta dei consumi trainata da un aumento dei salari (con la globalizzazione, evidentemente, non ce n'erano le condizioni nei Paesi occidentali, negli altri la situazione era ed è nettamente diversa); un aumento della spesa pubblica (in disavanzo finanziata con titoli aggiuntivi[61] a bassi tassi di interesse) ovvero una riduzione delle tasse, però senza pari riduzione della spesa[62].

Ma anche per questa seconda, decisiva politica non c'erano le condizioni – innanzitutto, ideologiche – mentre qualcosa si sta intravvedendo adesso, nell'ultimo Obama[63]. Ma rimaniamo al periodo che va dal 2001 al 2008 del modello ultrafinanziario "puro" che durerà, appunto, solo 7 anni, risultando, manifestamente, insostenibile

Nel 2008, crisi di liquidità, ovviamente: per la prima volta nella Storia, la massa della liquidità riversata nel sistema bancario da famiglie, imprese ed economia criminale (che fa parte del gioco, anche se spiace dirlo) risultò minore di quella persa giornalmente e continuativamente dalle banche stesse come operatrici sulle principali piazze speculative. Tutto il sistema avrebbe dovuto seguire la sorte della Lehman Brothers[64], ma intervennero pesantemente le Banche Centrali fornendo "liquidità illimitata"[65] al sistema bancario; in apparenza per salvarlo, in realtà per imbrigliare definitivamente gli unici operatori che erano sfuggiti al loro controllo[66].

Si era entrati, in altre parole, dopo il 2001, in una nuova fase o modello capitalistico (mai sperimentato in precedenza), quello "ultrafinanziario", in cui l'obiettivo non è una[67] valorizzazione del titolo in borsa, ma la massimizzazione nella emissione dei titoli; si guadagna sul numero delle operazioni, quindi, non sulla sostenibilità dei titoli. Questo modello, si diceva, dura solo 7 anni e viene sostituito da qualcosa di simile, ma con l'aggiunta di un sostegno sistematico e ordinario da parte delle Banche Centrali: esse accettano titoli di qualunque natura – purchè sponsorizzati da una qualche agenzia di rating – collateralizzandoli e, quindi, fornendo liquidi illimitatamente che servono a scongiurare altre crisi di liquidità; è, forse, importante sottolineare che, con la collateralizzazione, i titoli sottostanti vengono congelati, quindi, si ottengono un rallentamento nel processo di fabbricazione elettronica della moneta di fonte istituzionale ed una forma – seppure parziale – di stabilizzazione del sistema; in generale, si parla di un modello intrinsecamente instabile dove, però, tutti gli operatori – ma, qui sta il punto – con modalità diverse, possono procacciarsi mezzi monetari immobilizzando o facendo girare vorticosamente altri titoli. Si potrebbe chiamare capitalismo ultrafinanziario collateralizzato (2008 to present) per differenziarlo da quello ultrafinanziario tout court (2001-2008).

Il controllo, fino a quel 2001 riferito al mercato, passa ad algoritmi matematici, utilizzati per massimizzare tali operazioni senza considerare minimamente cosa ci sia dietro. Ovviamente, come tutti gli altri modelli della Storia dell'economia umana (o, se si preferisce "disumana"), esso diviene prevalente, ma non è unico od esclusivo: in determinati ambiti, come le borse, sopravvive il classico capitalismo finanziario; in altri, esperienze di autoconsumo; o le piccole imprese; e via dicendo.

L'attualità del capitalismo ultrafinanziario e le sue alternative

1. Cambiamenti economici e geopolitici

1.1 Nuove dinamiche

La condizione peculiare del capitalismo ultrafinanziario, anche nella sua ultima versione, quella, dopo il 2008, "collateralizzata", è che i debitori devono stare male, risultare insolvibili, spersonalizzarsi: se il debitore stesse bene, pagasse regolarmente la cedola, restituisse il capitale a termine, che bisogno ci sarebbe di vendere e rivendere un titolo all'infinito senza più quasi saperne l'origine e le caratteristiche?

Ecco perché le politiche di austerity, le spenging review e quant'altro non servono a stabilizzare i conti pubblici (fatta eccezione per i Paesi forti i cui debiti risultano sicuri[68] e sono un'eccezione), ma a peggiorarli, affinchè i titoli – con rating bassissimo[69] – girino vorticosamente, cambiando di mano il più possibile, aumentando di volume fino alla loro collateralizzazione che dà luogo a moneta a basso costo (solo lo 0,05%).

Il caso della Grecia si inserisce pienamente in tale logica: prima la si indebita enormemente, poi si emettono derivati di ogni genere sui suoi titoli, infine le si impedisce di liberarsi di qualunque catena.

Si può dire che il capitalismo ultrafinanziario voglia schiavi i popoli, ma tale situazione dipende da questi ultimi; appare, invece, più interessante considerare che, mentre il classico capitalismo finanziario (nella sua ricerca di valorizzazione dei titoli), risultava devastante per l'economia fisica e gli equilibri occupazionali, quest'altro appare talmente lontano e avulso rispetto ai fenomeni reali, da lasciare – paradossalmente – gradi di libertà alle alternative.

D'altra parte esso, nella sua versione corrente, mediante la continua collateralizzazione di titoli tossici – resa possibile dalle autorizzazioni illimitate delle Banche Centrali e dalla presenza di banche universali ed altre istituzioni intermediatrici – garantisce mezzi finanziari aggiuntivi "freschi" al sistema delle grandi e medie imprese, nonché ad altri investitori speculativi (cosiddetto shadow banking); con esclusione delle piccole imprese, di quelle a conduzione familiare, delle cooperative vere, non di copertura per attività non mutualistiche.

Di qui la possibilità, per le piccole imprese, le famiglie, le cooperative di ripristinare circolazioni fiduciarie, sganciarsi dalle grandi filiere delle multinazionali, tornare alla terra ed alla produzione diretta, spiazzare la concorrenza – pur a basso prezzo – della globalizzazione.

Ovviamente, ciò non può rappresentare l'alternativa vera e propria che richiederebbe un pieno ripristino della sovranità monetaria degli Stati, la netta separazione tra credito e finanza, la rivisitazione del rapporto tra istituzioni e cittadini.

Le tre questioni andrebbero affrontate in ordine inverso perché il flusso del cambiamento va da recupero della fiducia, a condizioni di sterilizzazione degli effetti nefasti della finanza sull'economia per ripristinare un credito sano, a ritorno ad una funzione della moneta pubblica coerente con le condizioni macroeconomiche.

In tali circostanze, ciascuna entità che possa definirsi una comunità, può cominciare ad operare per riprendersi ciò che le è stato sottratto da quando questa situazione ha avuto inizio, vale a dire da quando la finestra della Storia che si era aperta dopo gli anni ’60, è stata chiusa dalla altrimenti inspiegabile rivincita del neoconservatorismo.

Per completare il ragionamento, dunque, e avvicinarsi alle prime conclusioni, forse, occorre cercare di riflettere su tre aspetti: 1) la politica internazionale e i BRICS (onde fornire un quadro di insieme entro cui portare a soluzione problematiche come il grande e inesigibile debito mondiale, la gestione delle straordinarie scoperte scientifiche e tecnologiche che possono cambiare – in meglio – le condizioni di vita di miliardi di esseri umani, il declino degli attuali imperi ovvero la loro sostituzione con altro); 2) il significato della sovranità popolare in termini di titolarità e di prospettive; 3) il senso degli enormi fenomeni migratori.

Il ripristino di un’economia capitalistica sana e orientata allo sviluppo socialmente sostenibile, le alternative al capitalismo stesso e soluzioni “ibride”, verranno accennate di seguito, allo scopo di mostrare, per ciascuna dinamica, i limiti di sostenibilità sociale, finanziaria, ambientale.

1.2 Dalla globalizzazione all’emergere di una inaspettata geopolitica

L’introduzione della flessibilizzazione del lavoro avviò il cambiamento politico e ideologico fondamentale, dopo l’opportunità perduta degli anni ’70 e la rivincita del neoconservatorismo: nei soli USA, i lavoratori e le loro famiglie persero circa il 40% della loro capacità di acquisto. Ma tale situazione non si riflettè in modo altrettanto devastante sulla domanda aggregata per due ragioni: la prima è che le banche (non ancora ritornate universali) funsero da ammortizzatori sociali prestando denaro alle famiglie per comperare titoli – soprattutto azioni in seguito alla caduta delle obbligazioni del 1992 e fino all’inizio della crisi 9 anni dopo – col rendimento dei quali veniva finanziato il pagamento degli interessi alle banche stesse e la differenza tra il reddito da lavoro (calato del 40%) ed il livello dei consumi, rimasto praticamente costante; la seconda è che si favorì strumentalmente l'importazione di commodities a basso costo e a basso prezzo provenienti dai Paesi in via di sviluppo.

In tal modo, dopo gli accordi internazionali che tendevano a liberalizzare gli scambi – anche al dichiarato scopo di difendere il livello dei consumi nei Paesi di più antica industrializzazione che avevano subito i tagli salariali, la flessibilizzazione del lavoro più o meno selvaggia, la débacle delle forze sindacali – i rapporti di forza si volsero maggiormente a favore dei neoconservatori. I salari, le condizioni di lavoro e quant'altro dovevano convergere, in nome di una malintesa competitività o concorrenza, verso il produttore peggiore.

Si rafforzò così, nella società, un atteggiamento culturale non responsabile, per cui l'obiettivo di ottenere beni di consumo (in certi casi servizi) a prezzi stracciati, a prescindere da quello che ci fosse dietro, si connetteva egregiamente con le scelte elettorali maggioritarie; una parte importante di tale situazione riguardò lo sfruttamento degli immigrati che consentiva l'esistenza di paghe estremamente basse per la produzione di beni e servizi, la quale finisce per influire su tutti gli equilibri (o, meglio, squilibri) sociali. Si riprenderanno alcuni aspetti di tale problematica nel prossimo paragrafo.

Per la storia del capitalismo, la competitività dipendeva dalle capacità innovative e tecnologiche che erano in grado di ridurre il lavoro e le altre risorse per unità di prodotto; ma, oramai, la differenza di costo tra l'operaio cinese e quello europeo rendeva impossibile il confronto, almeno a livello dei beni di largo consumo.

Non c'è dubbio che tale modello (detto della globalizzazione) abbia favorito la massimizzazione delle produzioni più inquinanti a livello planetario; ma poteva esserci un'alternativa?

Se le forze operaie e sindacali non fossero state sbaragliate, se la pur necessaria flessibilità fosse rimasta un vincolo da scambiare con maggiore salario e basta, se la migliore e più pulita tecnologia disponibile nei Paesi di antica industrializzazione si fosse imposta con la sola eccezione delle produzioni tradizionali[70]; la crescita dei Paesi in ritardo sarebbe stata più lenta, certamente, ma gli equilibri sociali ed ecologici rispettati.

Le cose sono andate diversamente, come si sa, ma il risultato inatteso, oggi, appare costituito da un cambiamento epocale e inaspettato: la Repubblica Popolare Cinese è divenuto il primo produttore mondiale; Paesi come l'India (e non solo) si stanno proponendo sul palcoscenico della Storia come protagonisti, non più come comparse.

Certo, in percentuale, la loro classe media è ancora modesta rispetto a quella dei Paesi cosiddetti occidentali, ma in questi ultimi essa è in calo, mentre nelle nuove realtà non solo risulta in crescita, ma supera in valore assoluto quella dei vecchi ricchi.

Tecnologia delle specialties[71], supremazia militare, titolarità della grande finanza internazionale e resistenza degli antichi equilibri giocano ancora molto a favore delle grandi multinazionali, degli USA e dei loro alleati, ma, come si vedrà tra poco, esse si stanno fortemente indebolendo.

Il punto è che questi Paesi emergenti o BRICS, non hanno semplicisticamente basato la propria competitività sul basso costo del lavoro e l'inesistenza di limitazioni ambientalistiche o sanitarie; ma sono riusciti, contemporaneamente, a far crescere la propria domanda interna.

La Cina ne rappresenta, forse, l'esempio più eclatante: nel passaggio da attività agricole all'industria, il lavoratore cinese di prima generazione (rispetto all'inizio della recente globalizzazione), ha visto un continuo miglioramento del proprio reddito.

Quindi, l'operaio cinese che vent'anni fa guadagnava un trentesimo di quello middleuropeo, è rimasto sempre ad un livello reddituale sub frazionario rispetto al concorrente occidentale; ma ha visto, altresì, un continuo miglioramento sia assoluto, sia relativo (nei confronti dei lavoratori dei Paesi sedicenti più evoluti). Sicchè, l'espansione della Cina e degli altri Paesi emergenti, accettata dai neoconservatori in cambio della emarginazione economica e politica della forza lavoro occidentale, si è accompagnata ad un'effettiva crescita: questo ha finito per sconvolgere i piani strategici degli stessi neoconservatori. Quando tale processo ha manifestato un'accelerazione, soprattutto durante l'estate del 2015, è stato notato dagli speculatori che i margini di profitto delle imprese quotate in borsa si andavano riducendo e sono iniziati i disinvestimenti finanziari dalle imprese cinesi: le autorità hanno reagito iniettando liquidità, ma il core del fenomeno è dato dal fatto che l'evoluzione ulteriore della Cina è iniziata e agli speculatori di borsa non è piaciuta.

Alcuni osservatori hanno focalizzato gli aspetti dello shadow banking (perché i 90 milioni di Cinesi che guardano alle borse hanno preso in prestito denaro fresco da intermediari che trafficano in titoli tossici collateralizzati); e del calo tendenziale di espansione dell'economia cinese.

In realtà, questi due aspetti sono interessanti, ma, forse, non cruciali. Infatti, la propensione della classe media e delle stesse famiglie operaie per la borsa rientra perfettamente nello schema culturale proposto, anche ai suoi tempi, dal Keynes, il quale diceva: "Quando sento la mia portinaia parlare di titoli azionari, è quello il momento di starne alla larga!". Insomma, qui vale la regola generale: l'andamento delle borse amplifica le tendenze dell'economia, nel senso che chi entra all'inizio del rialzo ci guadagna di più e chi ci perde alla fine del ciclo, salda il conto con gli interessi.

Per quanto possa sembrare banale, il secondo aspetto merita più approfondimento: ma ci siamo dimenticati della regola principale della borsa, per cui l'indice di riferimento degli speculatori – l'andamento del saggio di profitto – dipende al 20% dall'espansione dell'economia connotata da innovazioni ed all'80% da una riduzione dell'occupazione più marcata di quella della produzione?

E, quindi, se l'occupazione cresce – nei comparti non innovativi – peggiora il rapporto tra profitti e investimento.

Sembrerebbe, dunque, sensato attribuire le oscillazioni borsistiche di un grande Paese in via di sviluppo non all'ingenuità dei sottoscrittori (che è condizione fondamentale della finanza speculativa), non ad una decelerazione del PIL, ma all'andamento dell'incidenza dei profitti sull'investimento.

Ovviamente, questo vale anche per gli attivi dei fondi pensione dei lavoratori cinesi: anche se c'è un sovrastante quadro di Mao Tze Tung all'ingresso, le due regole del capitalismo finanziario operano senza farsi intimidire. La prima dice che la crescita dei valori in borsa viene pompata dall'andamento sostenuto dei saggi di profitto, la seconda che – nei comparti tradizionali – per mantenere elevati tali saggi occorre tagliare le risorse di più di quanto non avvenga alle vendite.

Al limite, si può solo osservare che anche per i fondi pensione dei lavoratori cinesi vale quanto osservato per la sinistra italiana ed europea: una via finanziaria al Socialismo non esiste.

Infatti, se la competitività sul piano del commercio internazionale viene ottenuta sacrificando il livello della domanda interna (caratteristica dei Paesi fondatori dell'Unione Europea), apparentemente nulla cambia[72]; ma, in realtà, la situazione degli esportatori peggiora.

La dinamica dei BRICS è, dunque, sfuggita di mano ai neoconservatori che ne hanno dovuto registrare l'inaspettata espansione sul piano politico, culturale, tecnologico e militare, dovuta alla sottovalutazione degli effetti di un continuo sviluppo della domanda interna. Quest'ultima è compatibile con la crescita delle esportazioni se e solo se esse non vengono finanziate a mezzo di una riduzione dei costi, ma con la tenuta di un differenziale retributivo (a parità di cambi valutari) con i concorrenti, mentre la capacità di acquisto dei lavoratori/esportatori stessi non si riduce.

L'esempio opposto, oggi, è la Germania; estremamente competitiva, in apparenza, proprio per quanto riguarda il comparto manifatturiero, ma dove si è creata una duplicità strutturale tra ambiti non interessati direttamente alle esportazioni (che vedono riduzioni dei redditi e, quindi, dove aumentano i disagi) e ambiti legati al mantenimento della competitività commerciale internazionale. La recente vicenda della casa automobilistica Volkswagen appare, dunque, più che altro, un classico specchietto per allodole: la realtà è che l'espansione di un singolo settore manifatturiero non può durare in eterno se non si rivoluziona qualcosa.

Le recenti difficoltà delle borse cinesi sottolineano proprio questo passaggio ad un'economia più fortemente attenta allo sviluppo della domanda interna e, quindi, meno propensa al mantenimento di saggi di profitto elevati che, invece, sono quelli a cui guardano gli operatori finanziari; dette difficoltà, quindi, rappresentano un ottimo segnale per quanto riguarda l'andamento della Cina stessa. A tali difficoltà, la Germania ha finito per reagire aprendo le frontiere a rifugiati extracomunitari giovani, ben istruiti e destinati a proteggere il programma di spingere verso il basso i salari.

Ovviamente, come ricordava Federico Caffè, per agevolare lo sviluppo – anche industriale – di un Paese, le borse sarebbe meglio chiuderle.

In sintesi, dell'originario progetto neoconservatore, il core rimane la deflazione salariale; il recente intervento di Mario Draghi al summit della BCE il 3 settembre 2015, l'ha ribadito ampiamente: si possono prevedere interventi anomali continuativi (l'acquisto di titoli, a patto che ciò non serva per rilanciare la spesa pubblica produttiva); si può iniettare liquidità illimitatamente (tanto ne arriverà ben poca all'economia reale); ma si deve rimanere nell'ambito del patto di stabilità e delle "riforme", ovvero continuare a contenere i salari.

Il problema dato dalla Cina e dagli altri grandi Paesi di recente industrializzazione, dunque, sta nel loro sganciamento dal core del progetto neoconservatore. La Cina propone un'economia diretta dallo Stato, ma di mercato (una sorta di divisione dei compiti strategici tra produttori, finanza privata ed interventi pubblici); il maoismo c'entra poco, fatto salvo quel quid di saggezza popolare confuciana che potrebbe portare la Cina – in nome del maoismo stesso – ad accettare un miglioramento esponenziale nelle condizioni di vita della gente: ciò non potrà non avere effetti dirompenti sugli assetti sociali, la politica, il ruolo internazionale di questo grandissimo Paese.

In altri termini, il gioco del contenimento dei salari nelle realtà di più antica industrializzazione, sembra sfuggito di mano ai suoi ideatori; i BRICS, dopo aver approfittato della situazione, adesso vogliono cambiare.

I neoconservatori si sono dati la proverbiale zappa sui piedi.

Adesso, la vera posta in gioco sarà costituita dalla gestione di tecnologie in grado di fornire energia a costo zero o, addirittura, negativo(73) e, ancora, dall'approntamento di cure mediche in grado di stroncare gran parte delle malattie più diffuse e letali(74). Con beni e servizi a costo zero o negativo, tecniche mediche e farmaci in grado di guarire e non solo di curare(75), sviluppo dell'autoconsumo alimentare(76), alternative estremamente economiche all'attuale sistema di trasporti ancora basati sui combustibili fossili, di che tipo di imprese avrà bisogno l'umanità?

La spinta neoconservatrice delle multinazionali – che ha voluto affossare la centralità degli Stati nazionali, concausando notevoli destabilizzazioni locali (Iraq, Afganistan, Libia, Siria…) – attinge linfa dal profitto che deriva dalla differenza tra prezzi e costi. Tuttavia, se i costi tendono improvvisamente a zero è arduo mantenere elevati i prezzi se non agendo in modo fortemente distorsivo dal lato dell'offerta o dell'informazione. Ma nel momento in cui si scoprono o si diffondono le alternative a tecniche e tecnologie obsolete, la prospettiva non può che cambiare: si riduce lo spazio per le imprese di tipo capitalistico se costo e prezzo tendono a zero.

Ciò potrebbe venir frenato solo se un ferreo controllo sull'informazione e la distribuzione impedisse di far conoscere al grande pubblico come stanno le cose; ma se cresce e si afferma l'offerta alternativa, non c'è spazio per l'impianto sociale che ha caratterizzato i sistemi economici negli ultimi duecento anni circa e fino al presente.

Ovviamente, tecnologie così avanzate necessitano di economie di scala che solo le grandi dimensioni esistenti possono assicurare; così, bisogna distinguere tra quanto può venir approntato autonomamente dal basso[77], quanto può essere frutto di ricerca e tecnologie disponibili sul piano nazionale e regionale[78], quanto dipenderà dalle capacità dei BRICS di entrare più prepotentemente sulla scena mondiale[79].

Le lobbies che attualmente ancora condizionano la politica mondiale perché sembrano avere in mano la più agguerrita potenza del pianeta, devono la loro supremazia al vistoso, non irreversibile fallimento, della democrazia: la carenza di informazioni e di importanza della grande massa della popolazione e lo scarso peso dell'elettorato, sì e no chiamato a legittimare decisioni prese fuori dalle sedi della politica ovvero da politici che solo formalmente rispondono agli elettori stessi.

Negli USA, le multinazionali, la lobby militare, un'enorme ridda di organizzazioni legibus solutae che perseguono la difesa di non si sa quali "interessi nazionali"(80), i conservatori filoisraeliani, la grande finanza perseguono tutti un unico obiettivo: sottomettere il resto del mondo, arrestare la crescita delle nazioni emergenti, disarticolare gli Stati che possono rappresentare una minaccia per gli interessi costituiti, al contrario di anarcoidi sistemi tribali. Anche a costo di scatenare un conflitto devastante con armi termonucleari.

I BRICS e, in particolare, Vladimir Putin e la stessa Cina stanno resistendo a tale prospettiva che potrebbe avere solo vinti e non anche vincitori; tecnicamente, sembra che la movimentazione di flotte e sommergibili, la trasformazione di aeroporti e basi missilistiche, il posizionamento di satelliti abbia un'unica configurazione: usare le armi nucleari in anticipo e minimizzare la reazione avversa. Tale impostazione, però, a differenza della precedente che prevedeva – prima dell'uso delle armi nucleari – una escalation di armi convenzionali, non considera che la sottovalutazione della capacità di reazione dell'avversario avrebbe effetti devastanti inimmaginabili.

Tuttavia, uno dei punti fondanti della attuale ideologia neoconservatrice negli USA propugna il convincimento che gli avversari non controllino tale capacità di reazione; esperti militari contrastano tale ideologia, ma, poi, bisogna vedere quale capacità abbiano di far conoscere al grande pubblico opinioni basate su dati scientifici(81).

Obama non sembra in grado di controllare la situazione e, d'altra parte, vanta detrattori della prima e dell'ultima ora abbastanza agguerriti; tuttavia, alcuni ambienti politici democratici, repubblicani e indipendenti, l'amministrazione della Casa Bianca, alti ufficiali dell'esercito e dei servizi, gente di buona lena e di buona volontà esistono.

Una vittoria neoconservatrice alle prossime elezioni in USA sarebbe devastante.

1.3 Dove zoppica la democrazia

L'articolo 1, comma 2 della Legge fondamentale della Repubblica Italiana, recita: "La sovranità appartiene al popolo che la esercita nei limiti e nelle forme della Costituzione". La zoppìa sta nella frase principale, non nella secondaria[82], perché la sovranità è sempre un fatto individuale – monarchia, oligarchia – e non può essere, come nella parola democrazia, attribuita ad un "insieme" (quasi sinonimo del termine popolo in tutte le sue traduzioni); si dovrebbe dire o, almeno, intendere "La sovranità appartiene a tutti ed a ciascuno". In questa accezione, ovviamente, ogni cosa si aggiusterebbe e si spiegherebbe; ma il cambiamento sostanziale appare notevole.

Diversamente, infatti, lo stesso termine "cittadino" nasconde la non materialità e, al massimo, la sola formalità dell'abbandono della condizione di "suddito". L'evoluzione delle democrazie, per tutte le ragioni che si sono cercate di vedere in precedenza, invero, ha comportato un continuo svuotamento del peso, della partecipazione e dell'importanza dei cittadini/elettori proprio perché il mancato rispetto o riconoscimento della loro sovranità individuale ha teso al ripristino della condizione di suddito.

Ciò si vede nei rapporti con la pubblica amministrazione, ma risulta più chiaro adesso, quando le ideologie neoconservatrici sono riuscite a svuotare la stessa democrazia di senso e di contenuti: privandola di importanza, di ruolo e di risorse – nella prospettiva di una crescente privatizzazione di servizi quali, ad esempio, quelli legati alla sicurezza[83] – il passo verso un moderno "medioevo" è compiuto.

La cruciale tematica delle tasse è servita a tale scopo; vi era un fondamento preciso nella progressività dell'imposta al passaggio da una società caratterizzata dalla netta differenziazione tra possidenti e proletari[84] ad un'altra, basata sui flussi di reddito[85].

Il problema cruciale, dunque, appare definito nell'ambito del gettito tributario che – proporzionato alla spesa necessaria[86] – consente la differenza tra una società evoluta ed una arretrata[87]; ma se tutta l'enfasi si sposta sugli sprechi o, peggio, sulla maggiore efficacia della spesa privata (libertà, disponibilità di maggiori risorse per le famiglie, minori privilegi dei funzionari pubblici, maggiore efficienza dell'organizzazione non statale dei servizi stessi), allora è fatale che la deriva del dibattito scivoli su luoghi comuni che agevoleranno il passaggio da una società che – parafrasando il pensiero di Aldo Moro[88] – intravvede il compiersi della democrazia, ad una società come la nostra, al momento destinata ad una progressiva medioevalizzazione.

Ciò non è ineluttabile; ma il passaggio fondamentale per evitare una ben triste sorte, transita, necessariamente, per il riconoscimento della sovranità individuale (limitata da quella di ciascun altro); per tale definizione, viene escluso qualunque liberismo anarcoide e, invece, incluso un sistema di regole. Tale impostazione, quindi, non sarà mai frutto di pacifica evoluzione dell'attuale deriva neoconservatrice, liberistica e da finanza anarcoide. Sarà conseguenza di un cambiamento profondo negli orientamenti generali oppure dell'azione di minoranze organizzate in grado di stabilire un percorso di liberazione vittorioso[89].

Tutto si può perdere, in termini di cultura e storia della cosiddetta democrazia[90], tranne la condizione umana che è caratterizzata da un'incoercibile indipendenza del pensiero che non può essere estinta; e che si è vista sopravvivere nei secoli bui come svilupparsi in epoche di radiose realizzazioni.

2. Conseguenze attuali delle politiche neoconservatrici

2.1 Crisi della democrazia e movimento di decine di milioni di non cittadini

Sulla crisi della democrazia si innesta un aspetto – forse non trascurabile – del tema delle immigrazioni. Durante gli ultimi quindici anni, il numero degli stranieri residenti in Italia è quadruplicato, passando da 1,3 milioni a circa 5,2 milioni, secondo i dati ISTAT e, addirittura, un po' di più, secondo altre fonti.

Nella media del trascorso quindicennio, per effetto dell'immigrazione, l'aumento annuo della popolazione residente in Italia è stato superiore allo 0,5% e se, negli ultimi dieci anni, il PIL italiano è sceso di dieci punti, quello procapite (che dà un'idea più precisa delle prospettive di andamento dei consumi) si è ridotto, quindi, del 15%.

Vari fattori hanno contribuito a tale dinamica in Italia ed in Europa, ma la crescita demografica (ancorchè ottenuta attraverso l'immigrazione) aveva rappresentato, fino agli ultimi venti anni circa, il principale veicolo di aumento della domanda: investimenti e consumi – anche limitandosi al solo comparto privato – accompagnavano la crescita stessa. Ciò accadeva perché la domanda di beni e servizi, nella media, aumentava o, almeno, rimaneva costante. Oggi, invece, si assiste ad una sua contrazione, nella media: ciò sottintende sia un impoverimento generale, sia un peggioramento delle condizioni di vita - di amplissimi strati della popolazione – dove avviene in modo più rapido (detta in altre parole, milioni di persone possono veder migliorare le proprie condizioni, mentre decine di milioni peggiorano).

Se riportiamo tale situazione all'esterno dell'Italia e dell'Europa, soprattutto in contesti a forte incremento demografico, cominciamo ad avere un'idea della pressione che viene esercitata verso i Paesi di più antica industrializzazione da parte di quelli confinanti (in genere, mare compreso, da sud e da est): il fenomeno non può venir controllato senza interventi nelle aree di origine che riportino in equilibrio la crescita demografica e quella del reddito, in modo di restituire all'aumento della popolazione la sua funzione storica di trascinamento della domanda (consumi, privati e pubblici, investimenti, privati e pubblici).

Lo sganciamento tra trend demografico e produzione (reddito), dovuto all'allineamento dei Paesi in via di sviluppo alle aberranti logiche restrittive monetarie e di bilancio decise dalle élites neoconservatrici mondiali (e legittimate dagli elettorati nazionali) costituisce la primaria ragione delle esplosioni sociali e culturali di quei Paesi; dopo, si è aggiunto l'aggravamento degli squilibri politici e militari voluto e finanziato dalle stesse élites neoconservatrici. Solo i Paesi che non si sono allineati a tale logica, anche parzialmente (BRICS e dintorni), sono sfuggiti al destino della disarticolazione sociale, economica e istituzionale.

Parimenti, se nei Paesi di più antica industrializzazione non si inverte la tendenza alla riduzione del PIL e del reddito procapite, quella al conflitto e alla guerra tra poveri non potrà venir affrontata in modo serio.

Ovviamente, i modelli di sviluppo possono variare e, ad esempio, vedere un contenimento dei consumi materiali (ma non verso la soglia del regresso civile e tecnico) per sviluppare quelli immateriali: salute, istruzione, cultura, creatività e via dicendo; ma, in questa sede, si considererà, primariamente, un aspetto di crescita del PIL procapite che, comunque, possa garantire ciò che viene percepito come un'esistenza dignitosa (concetto, a sua volta, asimmetrico tra una popolazione e l'altra).

Quindi, il primo aspetto che qui si vuol sottolineare riguarda la mancata crescita economica delle aree a più intenso sviluppo demografico e l'insoddisfacente andamento del reddito nella maggior parte degli stessi Paesi europei di più antica industrializzazione: entrambi i fenomeni affondano la radice principale nei cambiamenti delle politiche macroeconomiche decisi alla fine degli anni '70. Senza un ripristino delle condizioni di sviluppo abbandonate dopo gli anni '70 (intervento pubblico anche in disavanzo, almeno per gli investimenti; sovranità monetaria degli Stati; separazione tra finanza speculativa e credito all'economia) non sarà possibile governare la pressione di milioni di esseri umani verso le aree geografiche considerate più ricche.

È anche vero che, in quel periodo (anni '70), i debiti dei Paesi in via di sviluppo erano cresciuti vertiginosamente, soprattutto a causa di una insufficiente attenzione al riequilibrio delle loro ragioni di scambio con le realtà più industrializzate: infatti, i prestiti furono finalizzati a far acquistare, dalle élites di quei Paesi, generi di consumo prodotti in eccedenza dal mondo industrializzato, armamenti e beni di lusso, anche a costo di spiazzare le produzioni locali, all'interno di un contesto dove la speculazione assorbiva la gran parte delle risorse finanziarie.

Non si dimentichi, infatti, che, negli anni '70, con la piena industrializzazione dell'agricoltura e l'andamento delle applicazioni tecnologiche più avanzate nella manifattura – si può ricordare, alla nota 7, la citata lezione di John Kenneth Galbraith al proposito – i Paesi occidentali avevano superato i limiti della scarsità nella produzione dei beni materiali: ciò scatenò, da una parte, la corsa a frenare lo sviluppo stesso, indicando limiti di altra natura (ambientalistici e finanziari); dall'altra, l'esigenza di imporre modi di vita e di produrre "alla occidentale" nelle realtà in ritardo di sviluppo.

Per la cronaca, negli anni '90, le dinamiche si sono invertite: il capitalismo finanziario (dopo la caduta dei tassi interesse, artificiosamente innalzati durante il decennio precedente) impose di valorizzare i titoli in borsa e, quindi, nei comparti tradizionali ciò poteva essere ottenuto solo riducendo l'occupazione di più di quanto si doveva ottenere dalla produzione; conseguentemente, a seguito degli accordi commerciali del periodo, si importarono commodities (beni di largo consumo) a basso prezzo dai Paesi in via di sviluppo.

Così, negli anni '60 e '70, i Paesi in via di sviluppo avevano importato le eccedenze di quelli industrializzati subendo uno spiazzamento delle loro produzioni locali (con la conseguenza che, quando le cose cambiarono, si ritrovarono senza produzione locale e senza reddito – a parte i pochi ricchi, ovviamente – per comperare i costosi beni occidentali); negli anni '90, invece, furono i Paesi di più antica industrializzazione a dover importare beni di largo consumo e di basso prezzo approntati dai BRICS e dintorni.

Ma ciò è avvenuto senza un sufficiente progresso nella intensità del flusso energetico perché il modello sottostante, quello della globalizzazione, prevedeva uno sviluppo trainato dalla concorrenza solo sul prezzo: conseguentemente, il contenimento di quest'ultimo avveniva sui costi della manodopera, dell'ambiente, della salute che venivano minimizzati (rendendo insostenibile il confronto con i Paesi di più antica industrializzazione dove le riduzioni occupazionali si accompagnavano alla svalutazione dei salari ed alla compressione dei diritti e delle libertà democratiche). Nei Paesi emergenti, ma soprattutto in quelli ancora poveri, risultò variamente limitata l'introduzione di tecniche energetiche più intense ed avanzate, le sole che potevano preservare l'ambiente in condizioni di crescita demografica.

Le dottrine ambientalistiche prevalenti, dunque, proponendo ma non sapendo realizzare il calo demografico, produssero danni irreparabili, avendo frenato una diversa corsa allo sviluppo che implicasse la crescita di intensità del flusso energetico ovverossia la sostituzione delle tecniche più arretrate ed inquinanti.

Storicamente, le immigrazioni sono sempre state di due tipi: fisiologiche e raccomandabili in termini di mutua utilità (indicatore di tale situazione è la stratificazione delle ondate migratorie che producono cambiamenti dinamici all'interno della comunità di accoglienza); drammatiche e spaventose a fronte di situazioni catastrofiche di vario tipo, ivi compreso il descritto fenomeno di politiche economiche e monetarie capaci di ridurre costantemente il reddito procapite medio e, quindi, in modo più grave quello delle componenti della popolazione economicamente più deboli.

Nel primo caso, le tensioni e le lotte non sono mancate, ma, alla fine, ha prevalso il riassorbimento all'interno di una civiltà che, pure, poteva registrare mutamenti significativi, ma non devastanti.

Nel secondo caso, invece, il risultato è sempre apparso dirompente per la compagine sociale a minor tasso di incremento demografico.

Definito, così, il contorno circa i primi due aspetti sollevati all'inizio, si può cercare di inquadrare il terzo, vale a dire quello riguardante ipotesi di una possibile azione dell'immigrazione stessa per fini di cambiamento degli assetti geopolitici (ribadendo la conclusione di questa parte del ragionamento: un Paese a bassa dinamica demografica può controllare e gestire, nel rispetto del bene comune, una immigrazione costante, ma moderata; invece, una immigrazione drammatica sopraffarà detto Paese a basso incremento della popolazione).

Nel caso di un'immigrazione controllata, è sempre accaduto che i flussi venissero determinati o gestiti in base alle esigenze (tout court di forza lavoro in base a qualifiche riconoscibili) del Paese accogliente; ovviamente, questa è sempre la base di partenza di qualsiasi fenomeno migratorio non legato a cause esterne, rispetto all'evoluzione economica del Paese accogliente. Essa, in genere, si è sempre accompagnata ad aspetti discriminatori che dovevano giustificare le differenze retributive nei confronti della forza lavoro del Paese accogliente: la discriminazione si attenua se la causa economica dell'immigrazione non consiste tanto nell'esigenza di retribuire meno il lavoro (in questo caso, semplice e specializzato, non qualificato), ma di sopperire a vere e proprie lacune di figure professionali, tipiche delle aree di immigrazione.

Nel caso italiano, quattro fenomeni meritano attenzione: l'immigrazione rumena (comunitaria), quella cinese, quella proveniente da Paesi a forte presenza islamica, quella dei rifugiati e richiedenti asilo (che, recentemente, sono passati dalle "fisiologiche" migliaia di unità annue alle centinaia di migliaia).

La rumena è stata caratterizzata dall'appartenenza alla stessa area geopolitica e culturale (cristiana), vale a dire l'Europa o, più esattamente, l'Unione Europea, e si è caratterizzata per la classica evoluzione specialistica (edilizia e suo indotto, servizi di cura delle persone – soprattutto gli anziani – e della casa): disponibilità dell'offerta di lavoro a fronte di carenze a livello nazionale e concorrenza al ribasso sulle paghe; ricambio generazionale ovvero inserimento e parziale integrazione nella comunità di accoglienza; miglioramento nelle condizioni di vita e nei consumi più intenso rispetto a quello domestico (anche grazie alla maggiore capacità di contenere i costi di gestione della famiglia).

Il caso cinese potrebbe esser considerato decisamente diverso: se, infatti, da una parte, esso sembra ricalcare le classiche condizioni di sfruttamento della forza lavoro industriale sottopagata nell'ambito di distretti particolarmente specializzati e tendenti al sommerso; dall'altra assume, soprattutto nel commercio, aspetti inquietanti che evidenziano una strategia di presenza programmata particolarmente significativa sul territorio, la quale esula da condizioni di economicità degli esercizi coinvolti. Soprattutto nelle città di grandi e medie dimensioni, l'obiettivo perseguito è apparso quello di garantirsi una presenza quasi esclusiva localmente; obiettivo raggiunto, probabilmente, meno di un decennio fa e poi mantenuto (non particolarmente incrementato) ad oggi. Su ciò potrebbero aver influito i cambiamenti strategici generali della Repubblica Popolare Cinese rispetto al recente passato: sviluppo dell'influenza mondiale dei BRICS, di cui essa è parte preponderante; abbandono della politica di prioritario aumento delle esportazioni per lasciar spazio alla domanda interna (quest'ultima renderebbe, quindi, meno aggressiva la Cina da un punto di vista commerciale pur consentendole di aumentare il proprio peso strategico planetario); modificazione dei trend interni di sviluppo (maggiore crescita quantitativa nelle regioni storicamente più arretrate e incremento di qualità dello sviluppo stesso nelle aree vicine agli sbocchi oceanici o di maggiore competenza industriale e manifatturiera).

Insomma, la presenza cinese in Italia e nell'area euro sembra scadere a livello del presidio, con sempre minori connotazioni strategiche; a differenza di quanto sta accadendo dall'Africa al Pacifico.

Ben diversa – proprio dal punto di vista strategico – appare, oggi, la situazione per quanto riguarda i Paesi con forte presenza islamica, connotati da un rapporto insostenibile fra i loro andamenti economico e demografico ovvero dove i conflitti hanno determinato un aumento esponenziale della disperazione; la spaccatura tra ricchi e poveri all'interno dello stesso Islam determina effetti che non dovrebbero venir sottovalutati in Europa.

Cerchiamo di andare con ordine, se possibile. Fino a trent'anni fa, circa, quando il rapporto tra andamento demografico ed economico appariva sostenibile (seppure ai limiti), si assisteva a fenomeni di scambio reciproco tra Paesi europei (Italia, Francia, Spagna) ed islamici conseguenti a derive del passato, coloniale o meno. Un caso emblematico potrebbe risultare quello dei rapporti tra l'Italia o, meglio, la Sicilia e la francofona Tunisia.

Collaborazione, scambi culturali, costruzione di scuole tunisine (arabo e francese) in Sicilia e italiane in nord Africa, qualche screzio per la pesca, ma sostanziale integrazione anche cooperativa.

Tutto un altro scenario caratterizza, oggi, la situazione: le primavere arabe (fortemente volute dagli USA e appoggiate dalle politiche UE), la Jiiad islamica, i Fratelli Musulmani ed il cosiddetto terrorismo (tutte forze che non avrebbero visto la nascita e la crescita del loro peso se non sotto l'influenza dei servizi segreti inglesi e la miopia degli stessi USA, in funzione – apparentemente – di un'opposizione a dittatori laici e sufficientemente legittimi; ma, in realtà, molto probabilmente, dovuta alla necessità di tenere alto il conflitto allo scopo di evitare la prospettiva di una perdita di controllo sulle aree da coinvolgere nel conflitto stesso).

Prima di cercare di esaminarne le conseguenze sul territorio, occorrerebbe, forse, soffermarsi sul fenomeno degli sbarchi e degli scafisti (che, in gran parte, riguarda anche il successivo aspetto dei richiedenti asilo).

Popolazioni povere, anzi poverissime, difficilmente in possesso di valuta internazionale ed impossibilitate a procurarsene (studenti senza lavoro, disoccupati, profughi, nullatenenti) improvvisamente si trovano in possesso di migliaia di dollari per pagare la traghettata verso la Sicilia e la Grecia. Trasferimenti tragici, come è arcinoto, che non si possono affrontare né alla maltese (ma se anche Malta avesse fatto una politica di non respingimento, cosa sarebbe cambiato? Gli extracomunitari non sarebbero, comunque, rimasti in massa colà); né come, coraggiosamente, altruisticamente, eroicamente, il popolo lampedusano o siciliano e le forze italiane hanno dimostrato in questi anni. Per tacere dei Greci che hanno fatto ancora di più, in proporzione.

Epperò, l'interrogativo non può non porsi: prima di tutto, questi soldi da dove vengono? Sono frutto di risparmi, di debiti, di lavoro oppure rappresentano una sorta di investimento, persino inconsapevole, di chi vedrebbe in un salto di qualità del conflitto (da portare nel cuore della vecchia, corrotta e inutile Europa) un'auspicabile prospettiva? Un investimento che comporterebbe il trasferimento di somme dai disperati agli scafisti i quali, infatti, molto spesso, intascati i denari, spingono i malcapitati a forza su mezzi marittimi fatiscenti anche quando le condizioni meteorologiche sconsiglierebbero di partire ovvero dovrebbero indurre ad un rinvio; sembrerebbe, insomma, che agli scafisti non interessi tanto e solo il guadagno, quanto il risultato di spingere i disperati verso la Sicilia, l'Italia e l'Europa; ma non sani e salvi, sibbene in condizioni di crescente disperazione. In tal caso, gli scafisti potrebbero risultare proprio i vettori di chi avrebbe interesse a piazzare in Europa più disperati possibile, persino a prescindere dalla loro fede musulmana, nell'attesa di un generale e catartico momento antioccidentale o, anche, per molto meno.

Intanto, nella seconda metà del 2015, si sono avuti tre cambiamenti, in qualche modo collegabili tra loro: a) la stessa ISIS – addirittura unendosi allo sfruttamento generale dell'immagine del piccolo Aylan, il bambino di tre anni rinvenuto morto sulla spiaggia – ha sconsigliato ai Musulmani di recarsi in Europa; b) gli scafisti, osservando che, nei mesi estivi del 2015 od immediatamente prima, 500 dei loro erano stati arrestati ed oltre 9.000 loro vittime respinte, hanno contribuito ad orientare i richiedenti asilo e gli immigrati per le vie di terra – Serbia, Ungheria, Croazia – dimostrando, oltre ogni ragionevole dubbio, che un'organizzazione, in senso stretto, esiste; c) la Germania ha condiviso, improvvisamente e radicalmente, l'orientamento contingente alla piena accoglienza, salvo, poi, contraddirsi completamente (il tutto si consuma nella prima metà del settembre 2015: forse la Cancelliera si deve barcamenare tra le richieste di lungo termine al contenimento dei salari interni e le proteste di breve termine dei Lander esasperati).

In ogni caso, il mondo del lavoro dei Paesi accoglienti non potrà non modificarsi radicalmente; valutarne, adesso, aspetti negativi o positivi sarebbe azzardato; ma è molto difficile che fenomeni non spontanei mirino a migliorare le condizioni contrattuali della gran massa dei lavoratori od aspiranti tali.

Perché i Paesi nordeuropei, capitanati dalla Germania, accolgono adesso tutti questi immigrati (rifugiati) a braccia aperte? Forse il principale caposaldo delle teorie neoconservatrici – la deflazione o riduzione salariale – sarebbe in bilico senza tale accoglienza? Forse, proprio ora che si sta indebolendo la capacità esportatrice della Germania, quest'ultima teme un cambiamento di paradigma, un ritorno alla crescita dei salari interni? E cosa, meglio di una massa aggiuntiva di disoccupati disperati, servirebbe per scongiurare un ritorno al "modello renano"[(91)]?

Arrivati, comunque, nei porti italiani e, adesso, anche in altre città dell'Unione – molto spesso con il dichiarato scopo di raggiungere parenti e amici in Nord Europa – ecco attivarsi un gran business accoglienziale ed entrare in gioco piccole finanziarie in grado di raccogliere e gestire somme (nel loro totale, importanti) provenienti dall'estero o garantite da carte di credito o altro.

Ma anche ipotesi più riduttive appaiono inquietanti: terroristi ben addestrati (probabilmente già in Europa), non ha senso che viaggino sulle carrette del mare; ma – in una volontà di guerra tra Islam e Occidente – anche sbarchi non più di migliaia o decine di migliaia, ma di centinaia di migliaia di disperati e bisognosi, costituiscono una promettente prospettiva. Prospettiva, tuttavia, al momento, contraddetta dalla stessa propaganda dell'ISIS che sconsiglia l'emigrazione ai Musulmani.

Il tema dei rifugiati e richiedenti asilo dalle aree e situazioni dove noi stessi occidentali siamo stati responsabili dell'aggravarsi dei conflitti (combattendo dittatori che, pur nella loro ferocia, erano "laici" e riuscivano a tenere sotto controllo popoli di sudditi, la cui liberazione sarebbe dovuta derivare da un processo personale e non eterodiretto) pone un interrogativo cruciale: in che consiste il diritto di questi disperati a chiedere ed ottenere aiuti, assistenza, risorse che, spesso, sono negati ai nazionali indigenti?

Almeno una risposta potrebbe risultare sorprendente.

Eccoci: sotto le dittature laiche (ma non cambieranno di molto le cose qualora le dittature fossero "islamiste") questi cittadini extracomunitari erano altresì sudditi; attenzione, ciò vale anche per noi democraticissimi occidentali, finchè non si scioglie il nodo della sovranità. Infatti, l'appartenere di quest'ultima al popolo – dopo le rivoluzioni cosiddette borghesi dei secoli scorsi – non significa nulla e non realizza il cambiamento da sudditi a cittadini veramente liberi: il popolo è un'entità astratta, la sovranità non può appartenere al popolo (parola che, "tradotta" significa solo "insieme"); la Rivoluzione Francese ha fallito perché può proporre solo dei Napoleone – in varie forme e fogge – che, poi, stimoleranno il ritorno di qualche soluzione neoconservatrice; la sovranità è indivisibile ed appartiene ad una persona singola, sia essa, a seconda dei casi, il monarca, gli individuabili componenti dell'oligarchia, ciascun cittadino – persona – e tutti i cittadini. Quindi, se si è cittadini (anche di un Paese che si basa su metodi democratici) si rimane sudditi finchè non avviene il passaggio alla sovranità personale per ciascuno: finchè non si passa dalla "sovranità che appartiene all'insieme" al popolo di sovrani. Quindi, l'apolide, il richiedente asilo, il "non-cittadino" si è liberato, in qualche modo, dalla condizione di suddito (a differenza di noi cittadini italiani o di altri Paesi europei) e gode di uno status più libero e rispettabile del nostro.

Per arrivare, quindi, ad un ultimo punto del presente ragionamento, occorrerebbe, almeno un attimo, soffermarsi su una questione metodologica: a dritta o a storta, per quanto riguarda l'insieme dei flussi migratori, una soluzione degna di questo nome dovrebbe presentare un "capo" e una "coda". Ciò che la sinistra (tolleranza, integrazione, distorsione ed abbandono del welfare universale), la Chiesa (cultura dell'accoglienza e quant'altro), la destra (xenofobia, razzismo, intolleranza, respingimenti) hanno compiuto e proposto non ha né capo, né coda ovvero manca di capo o di coda.

La tolleranza, infatti, implica un atteggiamento di distacco e di superiorità, non degna di rientrare tra le soluzioni politiche; del pari, l'intolleranza non può generare equilibri sostenibili; l'integrazione costituisce una violenza verso culture e concezioni del mondo che, per definizione, hanno diritto di esistere, ma la disintegrazione è alle porte se non si definisce il limite della diversità; la sinistra ha abdicato al suo ruolo (il welfare universalistico e la difesa delle classi subalterne senza differenzazioni che creassero tensioni tra figli e figliastri) quando ha accettato l'insulsa teoria della scarsità delle risorse ed ha destinato queste ultime alle componenti emergenti del bisogno sociale e non a tutte; la posizione della Chiesa è stata nobile nelle sue intenzioni, ma l'ha confinata in una situazione troppo teorica a livello di vertice e troppo debole a livello di territorio; le destre, soprattutto "estreme", hanno guadagnato consensi elettorali – provenienti dai ceti sociali che si sono sentiti abbandonati dalla sinistra – grazie a vari livelli di xenofobia, rabbia, razzismo, ma avvalorando le posizioni di chi cerca il conflitto tra Cristianesimo ed Islam; tra poveri; tra possidenti e nullatenenti.

Nessuna di queste culture consente di intravvedere soluzioni possibili; ma, soprattutto, nessuna evita di favorire la ricerca del conflitto ed il suo certo, tragicissimo esito.

Per cercare di modificare il quadro, probabilmente, occorrebbe agire a tre livelli: a) il controllo della situazione da parte della popolazione o degli Stati interessati; b) il mutamento dello scenario economico che ha generato ed acuito le difficoltà, soprattutto il ritorno ad un Welfare veramente universale dove scuola, sanità e trasporti pubblici servano anche alle classi medie, non alle sole componenti meno abbienti della popolazione; c) la prospettiva di un quadro geopolitico che tratti il conflitto come ostacolo alle soluzioni stabili.

Sotto il primo profilo, occorrerebbe un insieme di iniziative volto a sdrammatizzare la situazione degli sbarchi: una collaborazione tra Paesi rivieraschi per sottrarre l'iniziativa agli scafisti ed imporre un trasporto decente ed efficiente (lo steso vale, ovviamente, anche per le alternative vie di terra); si potrebbero pensare "permessi di transito" validi tre giorni e tariffe agevolate per lasciare il Sud e dirigersi verso Paesi del Nord con migliori prospettive; introdurre lo status di rifugiato politico europeo; andrebbe rafforzata l'azione di intelligence volta anche ad orientare i migranti verso posizioni non sfavorevoli alla cultura democratica; rafforzare le scuole di italiano ed altre lingue europee; distinguere l'Islam moderato da quello fondamentalista solo in base all'azione concreta antiterrorismo; smitizzare il conflitto intergenerazionale, nel senso di favorire il movimento degli anziani europei verso sud dove trovano assistenza, migliori condizioni di vita e creano lavoro locale ed amicizia; occorre consapevolezza del fatto che la spesa sanitaria di una popolazione sempre più anziana è sostenibile solo se aumenta il gettito tributario della componente in età di lavoro, riducendosi la pressione fiscale complessiva (condizione realizzabile unicamente se il lavoro dei giovani immigrati – e di tutti i giovani – risulta stabile e regolare).

Perché ciò – aumento dell'occupazione stabile e regolare per tutti, senza discriminazioni – possa avvenire e per passare al secondo profilo (mutamento del quadro economico che ha generato ed acuito le difficoltà), dev'esser chiaro che nulla potrà venir conseguito senza consentire alle autorità nazionali di emettere i mezzi monetari a sostegno delle attività produttive implicite nell'azione di sostegno alla trasformazione dei flussi migratori, per: ridurne la quantità sotto la linea critica dell'invasione, grazie a migliori e maggiori prospettive di sviluppo nei Paesi di origine (questo implica, altresì, la soluzione dei conflitti, di cui si accennerà di seguito); elevare la qualità dell'immigrazione sotto il profilo di un'accoglienza non acritica, ma densa di contenuti concreti; non discriminare i giovani già residenti, considerando che – ad esempio in Italia – c'è domanda potenziale per milioni di lavoratori nei comparti della tutela dell'assetto idrogeologico del Paese, della manutenzione delle infrastrutture, delle scuole e degli uffici pubblici, nei servizi di cura delle persone e delle abitazioni private.

A tal proposito, andrebbero approntati sistemi di sostegno e di cooperazione progettuale tra Paesi mediterranei, africani e mediorientali, atti a valorizzare i commerci anche attraverso compensazioni tra crediti e debiti, emissione di una moneta internazionale e rafforzamento di quelle locali (con crescente marginalizzazione di euro, dollari e sterline che rendono squilibrate le ragioni di scambio tra merci e servizi ad elevata intensità di lavoro sottopagato con beni a basso contenuto di lavoro supportato dalla tecnologia).

Perché ciò possa venir proposto, ovviamente, occorre rimuovere l'ostacolo fondamentale: la concezione geopolitica di quei Paesi di più antica industrializzazione che hanno visto nel conflitto e nella non collaborazione tra i popoli lo strumento principe della sottomissione e dello sfruttamento; è stata, infatti, tale circostanza, preparata dalla formazione di risorse proterroristiche ad agevolare (anche grazie a generosi finanziamenti), la situazione attuale; dalla Palestina al mondo islamico. Tale cambiamento non potrà essere il risultato dello sforzo di pochi; ma del coordinamento tra Paesi come la Cina, l'India, la Russia, l'Italia, la Francia, l'Egitto, l'Iran, la Siria e altri. Stati Uniti, Gran Bretagna, Arabia Saudita non staranno a guardare, ma la loro opinione pubblica potrebbe volgersi contro un aggravamento del conflitto capace solo di peggiorare le cose.

Di ciò appare un chiaro segnale l'ascesa di Corbyn in Inghilterra che sarebbe importante venisse seguita da una sconfitta del neoconservatorismo negli USA.

È difficile, a questo punto, fare previsioni circa il successo di una tra le due ipotesi di aggravamento ovvero di superamento dei conflitti; è questo, credo, il terreno della sconfitta finale invece che della vittoria del modello democratico: la grande finanza, che rappresenta una componente marginale della popolazione ha, dalla sua, la capacità di impedire una crisi iperinflattiva da cancellazione dei debiti spingendo all'infinito le molle speculative e punta al conflitto, come s'è detto; i popoli e gli Stati, invece, avrebbero soluzioni per sconfiggere conflitti e finanza tossica se riuscissero a recuperare una cultura della collaborazione tra Nazioni indipendenti ed il controllo delle stesse istituzioni democratiche, finalmente frequentate da cittadini non più sudditi, ma sovrani.

3. Rivisitando i modelli economici

3.1 Trasformazione e sostenibilità dei modelli

Nella prima parte di questo testo si è sostenuto che il capitalismo espansivo, ad un certo punto – oltre un determinato limite di schiacciamento del saggio del profitto – si sarebbe spinto fuori dal capitalismo stesso: ciò stava accadendo con l'intensificazione degli investimenti tecnologici, l'ampliamento delle dimensioni delle imprese, l'allargamento delle industrie di Stato, anche o soprattutto nei comparti strategici, dove i margini operativi risultavano troppo bassi per i privati; al contrario, il “ritorno al liberismo passato” – con tutte le sue tragiche conseguenze – è stato frutto di una sorta di convergenza tra ricerca di una rivincita da parte dei proprietari (la componente più conservatrice), la paura del futuro nelle sue due varianti degli aspetti finanziari e ecologistici (anch’esse assimilabile, di fatto o di diritto, alla politica conservatrice), l’insufficiente grado di consapevolezza che ha riguardato anche gli ambienti che, nel precedente passato, si erano caratterizzati per un’impostazione di tipo progressista(92).

Attualmente, il grande paradosso sembra proprio costituito dal fatto che l’umanità si trova ad un passo dalla soluzione dei grandi problemi della fame, delle malattie, dell’approvvigionamento energetico, dell’indigenza grazie a tecnologie che non solo renderebbero obsoleto e marginale il profitto così come noi finora l’abbiamo inteso(93), ma anche la preoccupazione per la crescita demografica(94).

Due questioni meriterebbero di essere approfondite a titolo esemplificativo: la scarsità di acqua potabile ed il ruolo delle emissioni di anidride carbonica a riguardo del cosiddetto effetto serra.

Qualche decennio fa, l’acqua dissalata risultava pressoché imbevibile; oggi è tutto il contrario. Con i dissalatori di ultima generazione e la riduzione dei costi dell’energia necessaria, il problema dell’acqua potabile potrebbe venir controllato facilmente. Inoltre, proprio lo scioglimento dei ghiacci del Polo Nord produce grandi quantità di acqua dolce pregiatissima(95) che, invece, lasciata così, potrebbe apportare ulteriori effetti deleteri sulla corrente nordatlantica (riducendone la salinità), uno dei più importanti regolatori della temperatura del pianeta.

Il punto è se si vogliono aggravare i conflitti tra poveri circa il controllo delle fonti idriche naturali; anche qui, come al solito, il cuore del problema appare costituito dalla crescita di intensità del flusso energetico a fronte dell'andamento demografico.

L'altra questione risulta ancora più importante: in poco più di un secolo, la quantità di anidride carbonica immessa nell'atmosfera dall'azione dell'uomo è aumentata di ben il 53,4%[96]. Due piccoli particolari, però: 1) i gas serra che contribuiscono all'innalzamento delle temperature sono costituiti per quasi il 98% da vapore acqueo e per poco meno del 2% da anidride carbonica; 2) senza l'effetto dei gas serra (al 98% vapore acqueo), la temperatura media del pianeta non sarebbe, come adesso, +20 gradi centigradi, ma -20. I gas serra sono una delle differenze fondamentali, oggi, tra la vita su Marte e quella sulla Terra.

Tantissime volte, per fattori in parte noti e in parte no, le temperature medie del pianeta si sono abbassate o innalzate, anche quando l'azione dell'uomo risultava del tutto trascurabile.

La demonizzazione delle attività industriali in quanto tali – invece di una seria politica di avanzamento tecnologico che comporterebbe una drastica riduzione dei fattori inquinanti e nell'uso di risorse non rinnovabili per unità di prodotto – costituisce il problema dell'ambiente e della sua difesa; questione cruciale per tutti, oggi, questione la cui soluzione dipende dal rapido superamento di una cultura ambientalistica o pseudoabientalistica distorta e strumentalizzata che non porta a soluzioni in grado di allontanere il conflitto.

Oggi, le forze neoconservatrici detengono tre poteri fondamentali e vantano una situazione di convergenza politica e, in parte, di obiettivi, con gli ambientalismi ideologici: a) controllo sulle oramai arretrate, ma capaci di alti rendimenti, tecnologie correnti; b) impedimento alla piena introduzione delle nuove; c) monopolio, o quasi, sui mezzi di informazione.

Per contro, come si è già accennato, i BRICS – che dovrebbero affrettare i processi di alternativa all'attuale situazione internazionale – tentennano per il timore di uno scontro termonucleare e le incertezze riguardo alla nuova architettura valutaria.

In ogni caso, sia nell'ipotesi che gli USA ritrovino il bandolo della matassa democratica (sbarazzandosi delle pericolose e perniciose follie neoconservatrici), sia che i BRICS – ed altri Paesi ancora – guidino il processo di salvezza dell'umanità, quest'ultimo non potrà prescindere da: 1) ripristino della netta separazione tra credito e finanza; 2) piano di sterilizzazione dei titoli tossici esistenti (ad esempio, ritiro e congelamento degli stessi, con emissione di credito finalizzato ai nuovi investimenti); 3) strategie di sviluppo nei vari comparti – ambiente, medicina, formazione, infrastrutture, beni culturali, servizi di manutenzione degli immobili e di cura delle persone – sostenute dal recupero di sovranità monetaria degli Stati(97).

Ovviamente, tutti e tre i precedenti punti potranno venir perseguiti anche da singoli Stati o differenti raggruppamenti di essi; ma, comunque, con USA o senza USA, con BRICS o senza BRICS, si sta, in tutta evidenza, parlando di un ritorno a varie formule di capitalismo espansivo.

Esso non potrà avere le caratteristiche del modello abbandonato sul finire degli anni '70(98), ma non potrà nemmeno evitare di portarsi, ad un certo punto, fuori dal capitalismo stesso così come finora lo si è dovuto intendere.

Lo scontro tra forze produttive ed organizzazione sociale, che è uno scontro tutto politico (compresi i suoi non improbabili risvolti guerreschi), si riproporrà o, meglio, già si ripropone se è questa una lettura accettabile del confronto in corso tra gli USA coi loro alleati e i BRICS.

Se dalla attuale, insostenibile, situazione si dovrà uscire anche con degli ibridi (permanenza della finanza, ma riducendone gli effetti sull'economia reale; limitazioni della sovranità monetaria degli Stati, ma senza privarsi della possibilità di effettuare investimenti pubblici in disavanzo; ridefinizione della funzione del credito bancario), allora qualche simulazione al proposito occorrerà tentarla.

3.2 Prima simulazione: la Nuova Contabilità Bancaria

Di recente, si è risvegliato l'interesse per le banche[99] che, da decenni, era stato considerato alla stregua di un fatto tecnico[100]; in particolare, quotati papers della Banca d'Inghilterra hanno sostenuto quanto alcuni esperti già sapevano (la banca non presta denaro proprio o dei depositanti, né moltiplica quest'ultimo), ma lo crea dal nulla. Di qui la "spaccatura" tra chi vorrebbe togliere, alla banca, tale facoltà, considerata una sorta di abuso[101] anche perché il credito creato dalla banca è moneta, o, per lo meno, è denominato in moneta a corso legale; e chi, invece, vorrebbe regolarla nell'interesse della collettività che non può rinunciare alla fondamentale funzione sociale del credito stesso.

Ovviamente, chi nega che la banca crei la moneta può difendere l'attuale situazione: in essa, la banca è soggetta a tassazione solo sulla differenza tra ciò che guadagna come interessi attivi e pagamento dei servizi offerti alla clientela, da una parte, e i suoi costi di gestione e interessi passivi, dall'altra.

Solo cercando di fare chiarezza sulla contabilità bancaria – di cui, qui, si sta tentando di fornire una lettura molto semplificata come voci e, tuttavia, sufficiente ad avviare il discorso – sarà possibile districarsi nella materia.

Orbene, attualmente, le principali voci sono così suddivise: 1) nello stato patrimoniale, al netto delle altre partite, vengono segnati, a) all'attivo, i capitali prestati e, b) al passivo, i depositi; 2) nel conto economico entrano, a) come profitti lordi, i proventi in conto interesse delle rate di mutui, prestiti, ecc. ed il pagamento di altri servizi resi alla clientela, b) come costi, le spese di funzionamento e gli interessi pagati alla clientela. L'utile, ai fini della tassazione, sarà quindi dato dalla differenza tra profitti lordi (ed, eventualmente, altre entrate) e costi.

Nello stato patrimoniale, man mano che la componente in conto capitale dei prestiti viene contabilizzata a favore della banca, essa va a decurtare proporzionalmente l'attivo.

Con la "Nuova Contabilità Bancaria" (NCB) che qui si propone, invece, nello stato patrimoniale non sono presenti i depositi (i conti correnti e le altre forme equivalenti) perché si tratta di servizio di custodia che consente alla banca stessa – dietro pagamento di un compenso al depositante[(102)] – di utilizzare la liquidità[(103)] per le varie esigenze della clientela: bancomat, liquidi (fra l'altro limitati dalle innovazioni normative), ecc. per un totale che difficilmente supera il 3-4% dell'insieme della moneta teoricamente presente nel circuito.

L'attivo, formato anche dai crediti della banca, viene ridotto man mano che rientra la componente in conto capitale proveniente dalle rate di mutui, prestiti, ecc.

Nel conto economico, invece, ogni componente della rata viene segnato a profitto lordo e, quindi, a parità di tutto il resto (non c'è altra variazione rispetto alla contabilità tradizionale o attuale), aumenta proporzionalmente l'imponibile: con un'aliquota attorno al 20%, si otterrebbe un gettito pari alla metà di tutto quello corrente[(104)]; quindi, a parità di gettito, si potrebbero ridurre le aliquote ed il prelievo sugli attuali contribuenti del 50%!

In una contabilità siffatta, dunque, incagli e sofferenze o perdite altro non sarebbero che mancati arricchimenti; conseguentemente, qualora il sistema creditizio, così rivisitato, dovesse registrare "rientri" molto sotto il previsto (per ipotesi, perché sta finanziando lo sviluppo), allora si ridurrebbe, simmetricamente, il gettito tributario. Come dire che, in tal caso, anche il sistema bancario opererebbe in senso anticiclico e la complementarietà tra Stato e credito aumenterebbe.

Per rispondere alla domanda: allora perché lo Stato (o chi per lui) non può stampare o autorizzare tutti i mezzi monetari[105] necessari al buon funzionamento della società? Occorrerà riprendere, prima, il filo del discorso sulle funzioni della Banca Centrale e le vicende che hanno portato alla fine delle emissioni dirette da parte degli Stati.

3.3 Seconda simulazione: ritorno a Banche Centrali ragionevoli

Fino a che il mondo è stato prevalentemente caratterizzato da scarsità nell'offerta di beni materiali[106], il percorso della moneta sembra passibile di una interpretazione con risvolti razionali: moneta aurea, moneta argentea, bullione[107]; moneta statale a corso legale[108]; nascita delle Banche Centrali come istituti di emissione[109].

Già prima della fine della scarsità (seconda metà degli anni '60), si era posto il tema di una moneta non avente valore intrinseco[110]; ma un legame con l'oro rimase in piedi fino alla dichiarazione di Nixon del ferragosto 1971[111]. È vero che, formalmente, quest'ultima nacque dalla impossibilità dell'amministrazione americana di soddisfare le richieste di conversione dei dollari in oro, prima della Francia di de Gaulle, poi, della stessa Gran Bretagna (evidentemente, con la guerra del Vietnam, gli USA avevano virtualmente sforato il regime di conversione concordato a Bretton Woods sul finire del secondo conflitto mondiale).

La situazione del dopo 1971 inaugurò una fase di cambi flessibili (che potevano consentire una maggiore solidarietà tra alleati), sprone ad un uso della finanza per scopi speculativi (i troppi dollari in circolazione convinsero i produttori di materie prime a spingere per un aumento reale dei prezzi – cioè dei margini operativi – e questo stimolò enormemente l'inflazione), i Paesi in via di sviluppo si indebitarono enormemente per accrescere la loro disponibilità di beni di lusso, armamenti e commodities di importazione che sostituirono (per i pur limitati ceti sociali abbienti e solo per loro che disponevano – in qualche modo – di capacità di acquisto), le produzioni locali.

Prima delle svolte irrazionali (almeno tali per la gran parte della popolazione) alla fine degli anni '70, dunque, la moneta a corso legale veniva stampata dalle Banche Centrali in base alle esigenze del Tesoro (del Governo); poiché esisteva risparmio e quest'ultimo superava la domanda di esso per investimenti privati, lo Stato varava programmi di sviluppo e di welfare per i quali emetteva titoli. Siccome il tasso di rendimento di questi ultimi era basso, non tutta l'emissione veniva soddisfatta: per la differenza, la Banca Centrale stampava moneta (che metteva al passivo nel proprio bilancio) e comperava i titoli di Stato inoptati che finivano all'attivo; mentre, nel conto profitti e perdite andavano i relativi interessi e le spese di funzionamento dell'istituto la cui differenza costituiva il risultato di esercizio. In questo modo, tassi nominali inferiori all'inflazione (negativi in termini reali) finanziavano il funzionamento delle istituzioni.

Tale sistema non generava inflazione fino a che la parte di disavanzo pubblico non finanziata con assorbimento di risparmio esistente, avesse superato le capacità produttive del Paese ovvero la piena occupazione (limite molto difficile da raggiungere concretamente).

Il difetto di tale sistema risiedeva nel fatto di lasciare all'arbitrio della classe politica la decisione sul quantum di moneta aggiuntiva; ma, nel rispetto del limite rappresentato dal raggiungimento del pieno impiego dei fattori produttivi, l'effetto prevalente consisteva in un aumento dell'occupazione e degli investimenti pubblici. Certamente, potevano esserci sprechi ed abusi anche intensi, ma se questi non determinavano esportazione di valuta all'estero, ma solo aumento del consumo e del risparmio interno, si generava un misto fatto di: a) crescita della domanda (sostenibile fino al raggiungimento della piena occupazione); b) una partita di giro nel trade off tra risparmio aggiuntivo e suo assorbimento tramite la maggiore offerta di titoli pubblici. Il problema si pose, ovviamente, quando il maggior consumo generato dalla spesa pubblica, al netto delle tasse e del drenaggio del risparmio, si scaricava su beni di importazione che spiazzavano le produzioni interne. Anche in tal caso, infatti, la valuta nazionale doveva venir ceduta per comperare quella del Paese da cui si importava; e l'unica cura sarebbe stata la svalutazione del cambio.

Il sistema, in vigore fino alla fine degli anni '70 – in Italia fino al 1981 – pur rappresentando, dunque, un ibrido, si prestava (e si presterebbe ancora!) ad utili applicazioni; ma, per massimizzarne gli effetti positivi (sostegno dello sviluppo interno) e minimizzarne quelli negativi (vari tipi di esportazione dei capitali) occorrerebbe che la valuta nazionale avesse circolazione unicamente domestica ovvero che il suo cambio: a) fosse gestito solo da operatori pubblici specializzati; b) riguardasse esclusivamente la regolazione dei saldi commerciali con l'estero che dovrebbero tendere al pareggio; c) non fosse fisso in modo irreversibile.

Una domanda da porsi, allora, sembrerebbe la seguente: perché esiste risparmio e da dove viene? Dal fatto che molti operatori, a prescindere dalla propria dimensione, realizzano entrate (in moneta) superiori alle uscite o spese.

Se l'operatore A chiede un prestito o un fido alla propria banca, si generano depositi; se alla fine del ciclo produttivo, eventualmente avviato, le entrate saranno superiori alle uscite, si genererà un surplus monetario nel sistema (è, infatti, così che il sistema bancario genera risparmio: ovviamente, è necessario che gran parte della moneta in circolazione non sia contante). Il punto è che il prestito originario emesso dalla banca e che diventa reale solo man mano che il prenditore riesce a liquidare il debito assunto, risulti denominato in valuta legale, non in moneta bancaria(112).

Allora, in alternativa a questo sistema del debito (che incredita solo le banche, è vero, ma consente di sostenere sviluppo e risparmio), è possibile ipotizzare una emissione gratuita di capacità di acquisto da parte dello Stato; finalizzata ai cittadini che la richiedano, al limite veicolata dalle banche stesse che, in questo caso, darebbero moneta vera, magari senza interessi, quindi con copertura totale delle somme (riserve al 100% o pari ai prestiti)?

Il primo aspetto tecnico che si pone è il seguente: essendo un prestito, il prenditore, ad un certo punto, dovrebbe restituirlo; se tutti lo restituiscono al 100% si crea una massa eccessiva di moneta e questo deve spingere lo Stato a rallentare o sospendere le emissioni. Le banche riceverebbero le restituzioni, ricostituendo le proprie riserve.

La questione etica (di comportamento), appare, invece, più complessa: caso a), ognuno avrebbe il diritto di ritirare una certa somma dalla banca (in teoria, ciò sosterrebbe la domanda, in un mondo senza scarsità); caso b), le banche svolgerebbero attività di prestito solo per gli investimenti o progetti produttivi.

Il primo "caso", equiparabile al reddito di cittadinanza, implica un livello di consapevolezza dei prenditori particolarmente significativo. Se, infatti, tutti possono ricavare il proprio sostentamento semplicemente recandosi in questo tipo di banca (o, il che è lo stesso, ricevendo il reddito direttamente dallo Stato), occorre che i medesimi siano disposti ad operare – salvo casi eccezionali di impedimento – nel senso di produrre, senza coercizioni, tutti i beni e i servizi di cui una società ha bisogno. Si può eliminare il "lavoro salariato" (o i suoi equivalenti, ad esempio il lavoro dei titolari nelle piccole imprese), ma, allora, tutti i "liberati" devono essere disponibili a dare il massimo nelle attività produttive: in caso contrario, ognuno ha un reddito, ma non c'è molto da comperare ed il sistema, quindi, non può funzionare.

Diverso sarebbe il caso di un reddito di cittadinanza parziale, forse al minimo indispensabile (ma dovrebbe essere un minimo familiare perché quello individuale ripetuto su nuclei numerosi determinò, negli USA degli anni '70[113] la disaffezione dei Coloured, ma anche dei Bianchi poveri, per il lavoro); a volte tale situazione si confonde col salario o reddito minimo (garantito) mentre sfugge la questione principale: se lo Stato può spendere in disavanzo fino al riassorbimento di tutta la disoccupazione, perché non farlo per assicurare cura dell'ambiente e delle persone, manutenzione ordinaria e straordinaria delle case, delle strade, degli immobili pubblici? In un Paese come l'Italia, ad esempio, si tratta di spese per centinaia di miliardi di euro che darebbero lavoro a milioni e milioni di persone[114].

Altro discorso, infine, è il salario minimo garantito vero e proprio, dove le paghe sono decise dai datori di lavoro, ma lo Stato le integra, appunto, al minimo, nel caso in cui queste ultime non lo raggiungano. Anche qui, l'esperienza storica[115] ha dimostrato che è stato un disastro: imprenditori che pagavano poco una forza lavoro sempre meno qualificata e sempre meno disponibile al lavoro vero.

Il futuro dell'umanità è e può essere ben diverso: paghe adeguate, molto tempo libero (o, più esattamente, liberato, che tira la domanda di beni immateriali e servizi culturali, ricreativi, artistici, ecc.), utilizzo di tecnologie particolarmente avanzate, innovative, capaci di rispettare o, addirittura, migliorare l'ambiente.

La crescita dell'occupazione è possibile solo nei servizi di cura delle persone e dell'ambiente, nella manutenzione dei beni pubblici e privati, nella formazione umana a tutti i livelli, nei beni culturali e nell'arte: per finanziarla occorre emettere mezzi di pagamento monetari che vengano accettati dagli altri produttori;

solo così si sostengono la domanda e la produzione interna; ma perché tutto funzioni occorre che tali mezzi monetari siano validati unicamente per un circuito interno, inteso come corrispondente al territorio dove essi stessi vengano emessi per pagare i dipendenti pubblici e le tasse.

3.4 Terza simulazione: finanza e risparmio sopravvivono

Dopo il ritorno ad uno Stato sovrano, dove è la Banca Centrale ad emettere o autorizzare le banconote a corso legale (dentro il suo territorio nazionale) e la rivisitazione contabile del credito bancario (sorretta, evidentemente, da un'organizzazione, sul territorio, delle banche stesse come agenti di sviluppo non meramente autoreferenti, ma responsabili verso la comunità), occorre affrontare il terzo ibrido, quello di una finanza - non solo funzionale alla produzione[116] - che sopravvive.

Attualmente, la finanza, anche quella ultraspeculativa[117] consente di monetizzare (in qualche modo, anche mediante titoli più o meno[118] monetari), una parte del credito, allo scopo di accrescere i mezzi di pagamento ammessi, accettati o, comunque, in circolazione o posti "a garanzia".

Tale finanza prescinde dal risparmio, ma può interessare quest'ultimo nel caso che le opportunità di "allocazione" dello stesso vengano giudicate insufficienti dagli operatori e/o dai diretti interessati. Anche per questa ragione, paradossalmente, persino la finanza ultraspeculativa può interessare i risparmiatori e veder contenuti i danni che arreca all'economia reale: infatti, se i risparmiatori accettano il rischio di detenere o scambiarsi titoli tossici ovvero di farsi prendere in giro, in cambio di moneta a corso legale, il problema si porrebbe solo quando quest'ultima fosse scarsa o limitata, non nelle attuali condizioni, caratterizzate dalla generosità delle Banche Centrali nei confronti degli intermediari finanziari.

L'euro, da tale punto di vista, è stata una iattura perché ha riesumato – di fatto e con tutta l'evidente arbitrarietà del caso – una specie di gold standard; dove gli Stati nazionali, privati della loro sovranità monetaria, si sono trovati in competizione (come qualsiasi altro disgraziato alla disperata ricerca di risorse) per le necessità più o meno impellenti della spesa pubblica; se la finanza speculativa e anche ultraspeculativa non offrisse allettanti rendimenti ai risparmiatori, questi ultimi si accontenterebbero dei titoli pubblici. Essi, salvo alcune volute eccezioni(119), rappresentano gli unici titoli sicuri; tanto sicuri che – in molti casi, vedi i Paesi che hanno la tripla A(120), spesso senza nemmeno meritarla – nel 2014 e nel 2015 sono stati piazzati a tassi nominali negativi.

Anche l'Italia di Renzi è rientrata nel novero dei Paesi fortunati che possono emettere titoli di Stato a tassi nominali negativi: ciò è avvenuto la prima volta, per i Bot a sei mesi, il 28 Ottobre 2015.

Ciò si spiega perché: a) ci sono operatori (escluderei i risparmiatori privati per ovvi motivi) che preferiscono detenere riserve in titoli, appunto, sicuri, invece che in moneta(121); b) le attese sono verso situazioni deflattive per cui non solo la moneta corrente si rivaluta, ma anche i titoli a tasso nominale negativo, se quest'ultimo sarà inferiore all'andamento della deflazione stessa. Quindi, l'effetto più deleterio della presenza di finanza speculativa ed ultraspeculativa riguarda la possibilità, per gli Stati non particolarmente forti, di approvvigionarsi di moneta già esistente a bassi tassi di interesse.

Se la moneta non è scarsa (e ciò dipende sia dal ripristino della sovranità monetaria e di un adeguato credito bancario, sia dalla emissione di mezzi fiduciari(122) di pagamento o di garanzia), la finanza ha tre impatti sul resto dell'economia: 1) positivo quando contribuisce all'aumento dei mezzi di pagamento e di garanzia a disposizione; 2) fortemente negativo sul risparmio, ma quest'ultimo deve venir riassorbito in qualche modo; 3) nullo sull'economia reale perché quest'ultima non necessita, primariamente, del risparmio e può crearsi da sé i mezzi di cui ha bisogno per svilupparsi(123).

Per tutte le su esposte ragioni, un sistema economico che non ha prioritariamente bisogno né di finanza, né di risparmio, può tollerare entrambi, limitandone i danni alla sola sfera non reale: sempre che l'economia stessa non risulti eccessivamente condizionata dall'offerta insufficiente di moneta a corso legale e di credito endogeno e non sappia avviare le alternative fiduciarie(124).

D'altra parte, se la moneta in circolazione può svolgere la funzione di riserva del valore, è logico che il risparmio esista, anzi, sia l'obiettivo precipuo di tutti quegli operatori che non escludono il lucro come scopo principale della loro attività.

Quindi, un modello non capitalistico, per esser tale, deve presentare una moneta che non funge – non può fungere – da riserva del valore; conseguentemente, in un modello non capitalistico non ci può essere risparmio.

Recente passato e prospettive

1. Due modelli alternativi

1.1 Un modello non capitalistico ma sostenibile

Finora si sono osservati 6 diversi modelli economici, cinque capitalistici (di cui uno solo "sostenibile", ma capace di spingere verso l'abbandono del capitalismo stesso) ed uno non capitalistico e connotato da insostenibilità, fatta salva l'ipotesi di una riduzione molto drastica della popolazione mondiale[125].

Adesso si introduce un modello diverso, dove la moneta in circolazione non è riserva del valore (quindi non c'è ragione di accumularla o risparmiarla oltre le esigenze strettamente funzionali[126] agli scambi) e dove si parte dalla massimizzazione della produzione locale, quindi, dalla piena occupazione.

La moneta che non è riserva del valore viene emessa dagli operatori in quantità corrispondente all'esigenza di scambiare beni e servizi in modo che ognuno ne abbia la quantità desiderata; quest'ultima non viene stabilita a priori, ma dipende dai gusti dei consumatori che, in una società siffatta, dovrebbero regolarsi razionalmente[127]. In questo modo, una volta soddisfatte le esigenze interne (locali), se si realizza un'eccedenza, essa potrà venir venduta all'esterno ad un prezzo arbitrario: quindi, tale prodotto sarà allineabile ai prezzi internazionali e consentirà di accedere ad un sistema internazionale di compensazione in grado di assicurare l'importazione di beni di difficile approntamento interno. Ovviamente, maggiori saranno le capacità produttive sui beni destinati, prima, al soddisfacimento della domanda interna e, poi, all'esportazione e maggiore sarà la possibilità di importare ciò che serve o ciò che piace.

Viceversa, una realtà locale poco produttiva avrà, altresì, meno opportunità di accedere all'acquisto di beni di importazione.

In questo modello, quindi, si capovolgono i fondamenti dell'economia capitalistica fondata sul profitto, l'accumulazione, la compressione dei costi per realizzare maggiori esportazioni; qui l'obiettivo è massimizzare la produzione, non c'è obiettivo di profitto (ma, casomai, di sovrappiù fisico). La regolazione del mercato internazionale sarà sufficiente ad ottimizzare l'incontro tra flussi di offerta e domanda; questa ottimizzazione deriva proprio dal fatto che non c'è concorrenza, ma spinta alla massimizzazione produttiva (limitata dai gusti e dalle esigenze dei consumatori); una momentanea scarsità di un bene o di servizio potrebbe causarne una variazione del prezzo, ma quest'ultima sarebbe corretta dalla spinta conseguente all'eccesso sulla piazza internazionale: se un'eccedenza fosse esagerata (non assorbibile dalla domanda esterna), si registrerebbe la spinta ad intensificare le produzioni che risultassero insufficienti.

La moderna informatica renderebbe rapida la gestione delle discrepanze quantitative della produzione.

1.2 Un altro modello alternativo, quello della decrescita?

Tra i modelli non ancora sperimentati, per lo meno non in modo prevalente[128], merita qualche ulteriore accenno quello cosiddetto della decrescita felice. A prescindere dalla pertinenza di tale aggettivo, bisogna riassumerne subito i termini, alcuni dei quali condivisibilissimi.

In primo luogo, a tale riguardo, la critica del concetto di PIL o, meglio, della sua rispondenza a criteri di benessere: il PIL stesso, infatti, aumenta proporzionalmente agli incidenti stradali, all'insicurezza sul lavoro, alle malattie di ogni tipo perché, allo scopo di affrontare tali situazioni, si muove un insieme di forze economiche (assicurazioni, medici, carrozzieri, eccetera) deputate ad aggiustare, curare, risanare, ripristinare. Infatti, una riduzione delle malattie o degli incidenti stradali o della sicurezza sui luoghi di lavoro, fornirebbe – all'andamento del PIL stesso – un contributo quantitativamente minore (in termini di reddito e occupazione) di quanto accadrebbe e accade nel caso opposto. Si può argomentare, ad esempio, che un piano di sanità primaria (prevenzione), cura e attenzione per l'ambiente, sicurezza nei luoghi di lavoro, manutenzione degli immobili smuoverebbe risorse umane, tecnologiche e finanziarie certamente notevoli.

In ogni caso, solo un PIL depurato dalle disgrazie, le sofferenze, le malattie e quant'altro potrebbe indicare qualcosa che si avvicini di più al concetto comune di benessere; un indicatore di benessere – soprattutto passibile di valutazione quantitativa – potrebbe risultare, ad avviso di chi scrive, quello delle ore dedicate al tempo libero o liberato: dette ore, infatti, si possono calcolare e, nel recente passato, ad esempio, hanno fatto la differenza tra i maschi e le femmine perché queste ultime svolgevano attività produttive per un tempo maggiore, in genere "pieno", rispetto ai primi (che, mediamente, riposavano o svolgevano attività ludiche dopo l'orario di lavoro esterno alla casa).

In secondo luogo, il riciclo degli oggetti e dei materiali già utilizzati (carta, plastica, vetro, metalli, ma anche beni di consumo durevole recuperabili), nonché un ritmo di obsolescenza del materiale tecnologico(129) dettato da buon senso (funzione) piuttosto che dalla moda, appaiono, altresì, spunti interessanti; come, d'altra parte, la sostituzione dei prodotti industriali per l'agricoltura col recupero e la riutilizzazione degli scarti (così accadeva fino al recente passato), nonché le produzioni a chilometro zero e via dicendo.

A determinate condizioni, è vero che vivremmo meglio con meno automobili, mezzi di trasporto più lenti, meno prodotti inutili e meno sprechi.

Ma quali sono queste condizioni?

La prima è di poterne fare a meno; la seconda è che anche il nostro vicino lo faccia; la terza e più importante è che, eliminati sprechi e consumi inutili, la società continui ad esistere. Ciò è possibile, beninteso, ma perché tale modello non determini un insostenibile impoverimento – che, forse, è cosa diversa dalla felicità – occorre che la riduzione della produzione (compresi gli oggetti ed i servizi inutili o, addirittura, non necessari) sia minore di quella della popolazione; ovvero che il calo demografico sia più accentuato di quello produttivo. Bisognerebbe, quindi, distinguere tra la scelta di modi di vita più sintonici col benessere non solo materiale e la sostenibilità del modello in quanto tale, vale a dire per le aree più intensamente popolate (qui non si parla delle metropoli monstre di parecchie decine di milioni di abitanti ed oltre, ma del fatto che, nella media, la dispersione non può essere quella che consente a tutti di vivere come centinaia di anni fa).

Ciò fa sì che il modello della decrescita, pur corrispondendo ad un insieme di critiche condivisibili dell'attuale sistema, non appaia sostenibile; se non, appunto, a fronte di un drastico calo demografico.

Senza quest'ultimo – e lo si è già visto affrontando il tema dell'ambiente – la mancata partenza dei livelli superiori di intensità del flusso energetico comportano la realizzazione di quanto si vuole evitare: se la popolazione cresce, l'intensità del flusso energetico deve aumentare in maniera più che proporzionale[130], pena la compromissione degli equilibri dell'ambiente.

Quindi, delle due l'una: o la popolazione diminuisce molto drasticamente o la decrescita non è sostenibile (vale a dire che è sostenibile solo eccezionalmente in aree poco popolate).

Cosa può, dunque, avviare questa forte decrescita demografica?

Le politiche di contenimento delle nascite hanno fallito storicamente proprio perché popolazioni povere (e, anche, malate o, comunque, flagellate da guerre e tentativi di genocidio) hanno continuato a fare figli disperatamente; paradossalmente, è stato proprio il benessere, nei Paesi cosiddetti sviluppati, a spingere le famiglie (molto caricate da vari impegni) a ridurre drasticamente il numero dei figli, fino al punto di attrarre – in qualche modo – le migrazioni provenienti dai Paesi ad elevata fertilità.

Quindi, per ridurre felicemente il numero dei figli occorre una politica esattamente contraria rispetto a quella suggerita da ambientalisti e decrescisti: occorre aumentare l'intensità del flusso energetico e l'introduzione di quelle tecnologie che rendono sostenibile la vita delle comunità a forte presenza della popolazione per chilometro quadrato.

Alternative potrebbero essere lo sterminio termonucleare o malattie particolarmente letali: sull'efficacia di queste ultime si è già espresso scetticismo (pur malate, le popolazioni che non hanno nemmeno le risorse per approntare cure necessarie, tendono a riprodursi esponenzialmente); della prima dovremo parlare, purtroppo, in sede di conclusioni poiché si tratta di una possibilità sempre più evidente.

2. Se falliamo, cosa succede?

2.1 Guerra, Europa, economia

Nel corso di questo breve saggio, in parte autobiografico, sono stati presi in esame sette modelli economici. Di ciascuno di essi, come si è già notato, al pari dei precedenti[131] sono presenti vari momenti, varie "stratificazioni": ovviamente, il nome al periodo dipende dal modello prevalente che, lo si ripete ancora, non significa esclusivo. Di essi, comunque, solo due sono apparsi sostenibili: il capitalismo espansivo e la sua alternativa (senza moneta riserva del valore); dell'insostenibilità degli altri cinque – compresa la decrescita "felice" – si è già accennato. Qui si vuole solo ribadire che, parzialmente – non esclusivamente e non prevalentemente – capitalismo finanziario ed ultrafinanziario, decrescita e varie forme di ritorno al passato, possono continuare a presentarsi, in combinazione con altri modelli, anche dando luogo ad "ibridi" (vedi i paragrafi in precedenza dedicati al tema).

Si è parlato, certamente in modo non esaustivo, di modelli economici, i quali, per gli opportuni approfondimenti, necessiterebbero di ben altra estensione econometrica; tuttavia, si è cercato di fornire una carrellata di essi, forse idonea allo scopo del presente scritto: una serie di paragoni e di valutazioni il più possibile generali, con particolare riferimento alla sostenibilità, economica, sociale, finanziaria, ambientale.

Adesso, forse, occorrerebbe passare alle due previsioni implicite nel ragionamento sin qui tentato: il passaggio ad uno dei modelli definiti sostenibili; il fallimento di tale passaggio.

Nel suo ultimo, interessantissimo saggio, Henry Kissinger[132] ha ammesso il mancato successo del progetto di sostituzione degli Stati nazionali con una qualsiasi, adeguata (per un neoconservatore), forma di governo mondiale. Ivi, sostiene di aver ottenuto notevoli risultati in termini di disarticolazione degli Stati (dal Cile di Allende all'Italia di Moro, ci ricorda, forse, il linguaggio delle Brigate Rosse?), perdita di sovranità nazionale, peggioramento nelle condizioni di vita dei lavoratori, soppressione della democrazia ed altro ancora; ma il risultato finale è stato talmente insoddisfacente da spingerlo ad ipotizzare, in alternativa, "sistemi regionali di influenza". Quindi, una notevole differenza rispetto ai neoconservatori più agguerriti che escludono la possibilità di un'area con piena leadership cinese o indiana o dei BRICS, l'Africa, eccetera; e che, invece – qui sta il punto – ritengono più auspicabile una guerra totale intesa come lancio di ordigni strategici(133) a cui gli avversari non saprebbero rispondere(134). Ovviamente, se Russia o Cina, invece, sapessero rispondere adeguatamente ad un attacco strategico, sarebbe guerra totale vera e propria; come sostengono gli esperti, senza vincitori, ma solo con distruzioni indescrivibili. Se l'umanità non saprà evitare un tale scenario, almeno sappiamo come si combatterà il conflitto successivo: con pietre e bastoni.

A questo punto, sorge legittimo il dubbio che le realtà dell'Europa (soprattutto Francia e Germania, ma anche Italia) nonché la politica, potrebbero giocare un ruolo decisivo; il Regno Unito potrebbe riaffacciarsi, con difficoltà, al balcone del vecchio continente se la possibile vittoria dei nuovi labouristi di Corbyn non subisse il ricatto della City che ha mandato a dire – tramite i giornali finanziari al suo più quotato consigliere economico, John McDonnell – di mandare avanti tutti i cambiamenti, esclusi, solamente, il ripristino della separazione tra credito e finanza ed il ritorno della Banca Centrale sotto l'egida del Governo (ciò dimostrerebbe, oltre ogni ragionevole dubbio, che sono queste due le rivendicazioni che fanno la differenza, il ripudio della "banca universale" ed il ripristino della possibilità di finanziare investimenti pubblici in disavanzo con emissione di moneta aggiuntiva).

Finora, si è sbagliato tutto o quasi, ritenendo che la limitazione del potere e della sovranità degli Stati nazionali fosse completabile in un disegno autoritario e antidemocratico, nelle varie versioni da un Kalergi ad un Hayek(135) o in quelle edulcorate e di apparentemente opposta matrice, come il proclama di Ventotene[136].

In realtà, sarebbe sufficiente, oggi, un nuovo indirizzo dei Paesi presenti in Europa, di emancipazione dalla egemonia statunitense assieme ad un recupero della democrazia in quest'ultima realtà. Al contrario, la vittoria dei neoconservatori con le loro lobbies in USA e la mancanza di alternative in un'Europa che continui a non esistere, farebbero sì che un devastante conflitto mondiale (già cominciato, che poterebbe venir fermato, ma che potrebbe anche estendersi) rappresenterebbe lo scenario, ahimè, meno improbabile.

Un asse Parigi-Berlino-Mosca-Pechino-Teheran-Roma, costituirebbe un freno alle mire USA o, meglio, agli intendimenti neoconservatori che potrebbero venir fermati solo da una crescita dei sentimenti democratici in seno alla popolazione.

È, dunque, decisivo che, all'interno dei Paesi di più antica industrializzazione, le masse popolari riprendano un'iniziativa di democrazia, giustizia sociale e pace quale, oggi, non appare possibile senza un forte impulso in tal senso; anzi, a giudicare dalle derive apparenti, le ipotesi di un conflitto devastante appaiono più verosimili.

Ovviamente, man mano che ci si avvicina al conflitto ed al momento di non ritorno, l'influenza dei mass media potrebbe attenuarsi; così come appare possibile muovere su meccanismi di comunicazione alternativi e non solo veicolati da internet e dai telefonini.

Tuttavia, non risulta ancora adeguata e sufficiente l'azione di quelle minoranze attive che non rappresentano solo la punta dell'iceberg della volontà e della coscienza di un popolo, ma una via di mezzo tra i pochi intellettuali sensibili e la grande massa della gente.

2.2 Un'ultima testimonianza

All'inizio del 2002 avevo esaurito le mie chances di reinserirmi alla guida di una grande direzione generale o qualcosa del genere. Gli episodi più importanti, a scavalco del millennio, riguardarono la possibilità di utilizzare positivamente la mia esperienza in campo occupazionale; ma quando fui designato per Sviluppo Italia, l'allora Ministro competente, Carlo Azeglio Ciampi, ribattè a Nerio Nesi (numero due del Partito dei Comunisti Italiani che a nome dell'Ufficio Politico del Partito stesso gli aveva proposto il mio curriculum), "No, questo no. Chiunque, ma non questo".

Grazie...qualche ramo della massoneria non aveva gradito il mio pregresso operato; eppure, lo stesso Ciampi aveva un buonissimo rapporto con mio padre, anch'egli ex-partigiano; ma tant'è.

E, sebbene non fossi più il "pericolo pubblico n.1" (c'erano state vicende ben più gravi, oscure ed inquietanti, dall'omicidio annunciato di Marco Biagi(137) agli attentati dell'11 settembre(138) che, all'inizio, tutti credevamo opera di terroristi), tuttavia – me lo riferirono alti comandi dei Carabinieri – ero odiatissimo perché avevo fatto rispettare la Legge: "Come ha fatto questo stronzo, quando noi non ci riusciamo nemmeno con le mitragliatrici?".

All'inizio, il nuovo lavoro da controllore – Collegio dei Sindaci dell'INPDAP – pareva allettante: uno stipendio molto più alto ed un impegno meno pesante (come si suole in certi casi), una macchina con autista a disposizione con poche limitazioni, possibilità di viaggiare all'estero per fantomatici convegni sulla previdenza pubblica, un'adeguata struttura di segreteria a disposizione, soprattutto la possibilità di riprendere i miei studi sulla moneta (visto che ritenevo il caso di approfondire, da punti di vista diversi, la stessa questione dell'euro).

Infatti, era arrivato l'euro, un po' alla chetichella, se si escludono le riserve di alcuni economisti: i giochi si erano chiusi parecchi anni prima, evidentemente. L'Italia doveva venir deindustrializzata, perdere di autonomia, obbedire ai diktat stranieri, sbarazzarsi di una classe politica che ondeggiava in un oramai inutile appiattimento su posizioni poco propense a seguire gli interessi nazionali[(139)] ovvero esageratamente ricattabile[(140)].

Sinceramente, non ero molto felice: ciò in cui avevo creduto di più (dopo l'adolescenziale esperienza dell'estrema sinistra), vale a dire la pubblica amministrazione al servizio dei cittadini, si era rivelato un disastro; paradossalmente aggravato dal fatto di essere riuscito a dimostrare che non sarebbe stata un'utopia. Tutt'altro; bisognava saper scegliere i dirigenti: cosa, infatti, faceva la differenza tra una buona ed una pessima Università oppure un funzionale ed un disastroso Pronto Soccorso o Ospedale o qualsiasi altra cosa, se non le motivazioni, la professionalità e la dedizione del dirigente preposto? Invece, ci si ubriacava con i controlli sui funzionari pubblici: il punto non doveva esser costituito dall'andamento delle loro carriere, ma dal come (e dal perché) essi accedevano a detta carriera. Quindi, il reclutamento indifferenziato – seppure tramite concorso – al fine di accedere ad una scuola per dirigenti dove, terminato un corso molto generico, si veniva destinati all'Economia piuttosto che alla Motorizzazione, al Lavoro piuttosto che alle Dogane, ai Beni Culturali o allo Sport, non mi sembrò una mossa convincente.

Ad un certo punto, andò in crisi anche la mia seconda esperienza di famiglia, arricchita da un secondo e terzo figlio, perché la loro madre non capiva che la mia infelicità derivava dalla mancata realizzazione di ambiziosi progetti non solo personali, non da quello che avevo ottenuto individualmente; che, peraltro, non era certamente poco.

Vorrei, comunque, affermare che le uniche situazioni che non mi hanno mai tradito (a differenza degli ideali, della politica, della famiglia, del lavoro, ecc. ecc.) sono stati lo studio, la corsa e la preghiera.

La forza di tutte e tre queste cose, infatti, non sta nell'obbiettivo, ma nella pratica in sé: studiare per capire ed allargare i propri orizzonti sviluppare capacità di meditazione e di efficienza fisica in rapporto all'ambiente circostante; entrare in una dimensione mentale soddisfacente in condizioni di quiete.

Al contrario, l'obiettivo di studiare una determinata cosa, ovvero di vincere una gara di corsa o di stabilire un record, pregare per avere un beneficio o sconfiggere un male specifico: anche tutto questo è illudersi ed esporsi a frustrazioni e tradimenti.

Così, per alcuni anni, finchè il lavoro all'INPDAP non mi impegnava più di due giorni alla settimana, cercai riparo in un paesino di montagna – a quasi 1500 metri di altitudine – Castelluccio di Norcia: lì lavorai di studio sino all'inizio del 2005, scendendo a Roma solo lo stretto indispensabile e coltivando l'illusione che fosse un modo per salvare il salvabile, anche a livello familiare.

Ma, ormai, la deriva non si poteva più contenere: ricominciai a vivere da solo e poi partii per un viaggio in India. Bellissimo. Fondamentale.

Quando tornai, scopersi che c'erano persone interessate alle mie "vecchie" idee sulla moneta e contrarie all'euro ed alla finanza utraspeculativa; venne pubblicato da Rubbettino (con la prefazione di Ettore Affatati) il mio primo testo del nuovo corso – Misteri dell'euro, Misfatti della finanza – dopo averne scritte, in precedenza, di tutti colori con "Mercato senza padroni" (2001) e "L'occupazione tradita" (1998).

Grazie a "Misteri dell'euro, Misfatti della finanza" (2005) raccolsi notevoli consensi; ma mi accorsi che la maggior parte di questi apparteneva alla destra non filogovernativa. A me tale circostanza non interessava molto, anzi, avevo sempre sostenuto che una buona analisi, una buona idea, un buon progetto devono raccogliere consensi dappertutto; invece, le parrocchiette e le sette politiche erano ancora molto vive dappertutto.

La tipologia umana che si interessava alle problematiche monetarie, mi ricordava un personaggio amico di mio padre e di padre Spiazzi[(141)], un ebreo convertito al cattolicesimo, ex sindacalista della CGIL e dopo UIL, Emanuele Levi, parecchio inviso alla massoneria[(142)]: con lui avevo scritto, anni prima, un librettino dall'emblematico titolo, La moneta al servizio dell'uomo (1988). Questi miei nuovi amici erano etichettati come "destra" (anche Levi non si definiva certo di sinistra) nel senso che si sentivano profondamente contrari alla versione sovietica del comunismo cosiddetto reale; ed, in comune fra loro, avevano la fede nel fatto che una diversa gestione della cosa monetaria avrebbe modificato radicalmente, e in meglio, tutta la società. Tale concezione aveva dei fondamenti (la rarefazione monetaria contribuisce a rendere insopportabili le tensioni economiche, la disoccupazione, l'insufficienza dell'offerta e quant'altro); ma confondeva la condizione necessaria (una gestione adeguata del fatto monetario) con quella sufficiente: la moneta "cattiva" basta a far funzionare male l'economia, ma quella "buona" non basta a farla funzionare bene. Infatti, pur con tutta la moneta del mondo, se, poi, se non vuoi o non puoi – per qualsiasi ragione – produrre beni materiali ed immateriali in quantità e condizioni adeguate, le esigenze della società risulteranno, comunque, trascurate.

Qui, ovviamente, per moneta "cattiva" si è intesa quella che non c'è e per "buona" quella che c'è: in fondo, a differenza dei miei nuovi amici, io ero e restavo un kaldoriano, aderente al "Rapporto Radcliffe" in cui si era dimostrato che, se la Banca Centrale lesina la moneta (esogena, a corso legale), i privati possono emettere la loro, fiduciaria, cambiaria, ecc. per finanziare le proprie attività. Il miracolo economico italiano non era forse stato finanziato con le emissioni monetarie dei privati (le fatidiche cambiali)?

Ovviamente, le autorità possono controllare indirettamente la situazione agendo sul tasso di interesse o di sconto e rendere, marginalmente, più o meno costosa la moneta stessa ovvero la trasformazione dei mezzi fiduciari in moneta "liberatoria" a corso legale.

Il problema si riproporrà in seguito, quando, dopo gli anni '90 e prima della svolta del 2008, troverò sul territorio i soli seguaci del professor Auriti[(143)]: essi sostenevano, da una parte, che la moneta è solo una convenzione, un simbolo, uno strumento (approccio che io giudico corretto) e, dall'altra, si chiedevano "Chi è il proprietario della moneta?"; le due cose mi sembravano in conflitto tra loro: se la moneta non è un oggetto, una merce (come dice pure Aristotele), la domanda sarebbe dovuta essere "Chi è il titolare della emissione?". Ed, inoltre, il valore facciale della moneta (di una singola banconota) può costituire un riferimento del cosiddetto signoraggio; ma una singola banconota, ad esempio da 50 euro, effettua transazioni, prima di essere distrutta, fino a 6-700 mila euro.

La concezione di Auriti è compatibile con una teoria della moneta non merce; in caso contrario, ci si accomuna ai cosiddetti quantitativisti per i quali il valore della moneta dipende – come per qualsiasi altra merce – dalla sua scarsità.

Ma, alla fine, mi resi conto del fatto che, in vari ambienti, vuoi perché si sapeva che avevo fatto importanti esperienze dentro la pubblica amministrazione e non mi ero piegato ai ricatti (anzi, non avevano nemmeno osato farmeli), vuoi perché ero stato allievo di Caffè[(144)] ed avevo scritto dei testi comprensibili sui temi monetari, non ostante i due punti disimmetrici con le vulgate al proposito (la moneta come condizione necessaria e non sufficiente, le emissioni da parte dei privati), c'era più di qualcuno che stava cominciando a seguirmi.

All'inizio, vale a dire gli anni dopo il 2005 e prima della crisi finanziaria del 2008, svolgevamo incontri nazionali ed internazionali con 5-6 persone al massimo; a volte si facevano centinaia e centinaia di chilometri per trovare il solo organizzatore dell'evento che, costernato, riferiva di averlo detto in giro ad amici, operatori, imprenditori, giovani i quali, all'ultimo, per un motivo o per l'altro, non avevano ritenuto opportuno essere presenti.

Nell'estate del 2007 mi ritirai in una gradevolissima cittadina del litorale romano, in compagnia di una mia nuova assistente, a valutare l'evoluzione monetaria e finanziaria del sistema, in base a ciò che le banche stavano facendo da alcuni anni: alla fine dell'estate, dunque, per i tipi degli Editori Riuniti, nacque "Il grande mutuo", in cui si sosteneva che, di lì a poco, sarebbe emersa un'enorme bolla di tipo nuovo che avrebbe prosciugato liquidità a causa degli intrecci fra banche e finanza. Soprattutto "il di lì a poco" venne dileggiato dagli esperti: disgraziatamente, di lì a poco accadde il patatrac ed il mio libro entrò in una proficua clandestinità (se ne vendettero parecchie copie, ma le sue presentazioni pubbliche vennero osteggiate clamorosamente; tuttavia, ormai si sapeva che c'era uno scemo di economista italiano che l'aveva previsto qualche mese prima).

Le banche avevano continuato ad emettere derivati, nell'attesa di una sollecita ripresa che non c'era, né ci poteva essere. L'unica strada sarebbe stata quella della crescita dei consumi, trainati da aumenti degli stipendi ovvero dalla spesa pubblica in disavanzo: ma entrambe queste possibilità erano negate dall'ideologia neoconservatrice al potere da troppo tempo e, paradossalmente, sempre più forte, non ostante l'evidente fallimento dei Bush.

Così, ciascuna banca sapeva che anche la vicina si comportava allo stesso modo, utilizzando la liquidità per sostenere le perdite sulle piazze speculative e lesinando il credito alle piccole imprese ed alle famiglie, oramai l'ultima preoccupazione delle banche stesse; così facendo, nel 2008, per la prima volta, le banche scoprirono che la massa della liquidità che le imprese e le famiglie affidavano loro era divenuta di meno di quella che, ad esse, serviva per gestire l'ordinario e le perdite derivanti dalle scriteriate operazioni finanziarie. Il sistema interbancario si bloccò, con conseguenze anche per i tassi di riferimento[145] e cominciarono i fallimenti. Come la Lehman Brothers sarebbero dovute saltare tutte le aziende finanziarie; ma intervennero le Banche Centrali con autorizzazioni monetarie illimitate e senza chiedere nulla in cambio – almeno in apparenza – nemmeno di smetterla.

Di qui la necessità di approfondire ulteriormente l'analisi per capire cosa stava accadendo: da una parte, l'aspetto principale del capitalismo[146] si stava rivelando non più l'obiettivo della valorizzazione dei titoli in borsa, ma la massimizzazione nel numero delle emissioni[147]; dall'altra, questo nuovo capitalismo "ultrafinanziario" contribuiva a provvedere di moneta endogena il sistema (visto che quella autorizzata in grandi quantità dalle Banche Centrali veniva trasformata[148] in ulteriori titoli) e si rivelava talmente lontano dall'economia reale da lasciare quest'ultima libera – pur senza mezzi – di svilupparsi autonomamente[149].

Sotto quest'ultimo profilo, diveniva dunque cruciale l'emissione di moneta fiduciaria endogena, anche da parte degli Stati che, come si è visto, erano stati degradati al livello di qualsiasi altro operatore privato.

Se, dunque, l'obiettivo del nuovo capitalismo consisteva nella massimizzazione delle emissioni di titoli, sempre più tossici e originati da insostenibilità per i debitori, la condizione di questi ultimi doveva peggiorare il più possibile, grazie alle politiche neoconservatrici, alla spending review, all'austerity: il loro scopo non consisteva nel miglioramento dei conti pubblici, ma esattamente nel suo contrario; anche il loro "spread" nei confronti degli Stati privilegiati, con la tripla A, che finiranno per emettere titoli a rendimento nominale negativo(150), servirà da base per ulteriori speculazioni, emissioni di derivati aggiuntivi e quant'altro.

L'Italia, ad esempio, finchè l'ultimo governo Berlusconi si barcamenava sostenendo un certo equilibrio nei propri conti pubblici, appariva al riparo – seppure in modo precario – rispetto alla speculazione internazionale: ma quando Tremonti, nell'estate del 2011, annunciò che l'Italia aveva un piano per contenere la spesa pubblica, la speculazione cominciò a vendere i titoli pubblici del Belpaese a medio e lungo termine. Ciò ebbe effetti sullo spread(151) mentre i tecnici del Ministero, in quel momento, si ostinavano ad agganciare il tasso primario (quello delle nuove emissioni) all'andamento dello spread: l'inverso di quest'ultimo era ritenuto un indicatore di affidabilità dell'economia di riferimento quando, in realtà, era solo una derivata parziale dello stesso clima di sfiducia generato dagli speculatori nei confronti di un Paese(152).

La sinistra e tutti i benpensanti attaccarono Berlusconi per questioni personali (pur eticamente rilevanti), mentre il problema vero era costituito dalla sua vulnerabilità per via della Mediaset: chiunque possieda imprese quotate in borsa può venir ricattato dagli speculatori (e, a livello politico internazionale, gli intrecci perversi costituiscono la regola). Così, il governo si trovò nella duplice morsa della Troika che voleva imporre una politica economica più conservatrice ed errata e della speculazione internazionale che doveva portare avanti il disegno di crescita del conflitto nel mediterraneo anche attraverso la destabilizzazione della Libia di Gheddafi. Dietro entrambe queste situazioni, però, si agitava anche l'amicizia di Berlusconi con Putin; rappresentando, forse, il caso Gazprom il Cavallo di Troia della Russia verso quell'Europa che non fosse strettamente ed acriticamente schierata con la Troika o, almeno, con i neocons americani.

Questi eventi, il ricatto della Troika, la mattinata di fine luglio in cui il titolo Mediaset vacillò pesantemente a mo' di avvertimento e la disponibilità a favorire un'azione in Libia del tutto contraria agli interessi del Paese, indebolirono il leader e favorirono la richiesta finale di una sua sostituzione alla guida del governo; era venuto il momento di un bilancio finale di circa un ventennio di protagonismo?

Dal mio primo (e unico) incontro diretto col Cavaliere era passato molto di più: alla fine degli anni '80 mi trovavo a salire le scale di Piazza del Gesù per un appuntamento che De Mita mi aveva dato e col quale volevo chiarire quanto grave fosse la situazione della disoccupazione, soprattutto giovanile, dopo la scriteriata scelta del 1981; arrivato all'anticamera da pochissimo, mi venne incontro l'On. Pennacchini, capo segreteria dello stesso De Mita "Dai, dai Nino che Ciriaco si è appena liberato!"; nella medesima anticamera c'era, prima di me, un tipo che ebbe un gesto di stizza (si vede che aspettava da un po'); allora io, con tutta l'arroganza del trentenne, gli sussurrai "Guardi che questo non è l'ufficio postale..." non sapendo che si trattava di Silvio Berlusconi! A De Mita non piaceva Berlusconi, quindi, forse, la colpa non fu tutta mia se il Cavaliere girò i tacchi per andare dal molto più accogliente Bettino Craxi. Ma tant'è.

Per la cronaca, poi De Mita seppe solo dirmi: "Ah, Nino, se vuoi parlarmi di economia e di occupazione, senti prima Andreatta" (!). Vabbè...

Anni dopo, all'inizio degli anni '90, i berlusconiani mi contattarono per commissionarmi un testo di programma politico di questa cosa nuova (in realtà, gli embrioni di Forza Italia si erano mossi molto prima di quanto essi stessi raccontino, proprio per ostacolare il famoso passaggio di consegne dei post-democristiani ai post-comunisti; per questo mi interessava quanto stava accadendo, anche perché quello che restava della sinistra – PDS e PP – dopo la morte di Donat Cattin, mi sembrava del tutto inaffidabile). Così, scrissi per loro "Oltre le colonne d'Ercole del marxismo: per un popolarismo democratico" che fu molto apprezzato (e pagato un'esagerazione), ma, mi dissero "noi vogliamo fare una cosa di destra, non di sinistra...". "Scusate tanto", risposi io.

Dopo il disastro elettorale del 1992, dunque, si prepararono le successive elezioni (anticipate) – cui io non partecipai, per mancanza di feeling con chicchessia – che portarono, inaspettatamente, alla prima vittoria della destra berlusconiana alleata con la Lega di Umberto Bossi (un altro di sinistra che aveva abbracciato visioni di soluzione dei problemi della gente a prescindere dai valori e la cui ascesa era stata fortemente sottovalutata dai vecchi Democristiani – per altro meritevoli – soprattutto veneti e lombardi).

La sinistra, nel 1994, era pronta e predestinata al cambio della guardia; ma la sua insipienza crescente la portò alla momentanea rovina. Ricordo che mi trovavo al Ministero dell'Interno dove stavo preparando il passaggio alla mia direzione generale (quella della Cooperazione) di tutto il terzo settore: avevo preparato un progetto molto avanzato e complesso che andava dal volontariato alle cooperative sociali con passaggio di funzioni e risorse dal Ministero degli Interni a quello del Lavoro. Ciò avrebbe avuto effetti sulle competenze degli uffici periferici del nostro Ministero che avrebbero mantenuto prerogative diverse anche riguardo all'immigrazione (che aveva fatto parte della mia originaria esperienza come direttore generale, quella dell'Osservatorio sul Mercato del Lavoro).

Vari funzionari del Ministero degli Interni corsero da me ad informarmi della, tutto sommato, imprevista vittoria della destra e della sconfitta della sinistra; considerai quell'evento un incidente di percorso (per una sinistra che aveva tradito tutto e tutti e che, tuttavia, era destinata a governare il Paese).

In ogni caso, molti progetti risultarono ridimensionati e cominciò, nel Paese, il tormentone circa Berlusconi che veniva accusato di tutto, anche in modo strumentale e scorretto, ma non dell'unica cosa veramente importante: la sua ricattabilità finanziaria che gli impediva e gli avrebbe sempre impedito, di andare fino in fondo nelle scelte giuste riguardo all'Europa, al futuro euro, al posizionamento internazionale dell'Italia, alla politica economica nei suoi vari aspetti. Così, la sinistra che non aveva potuto ereditare il buono dei vecchi democristiani e di Craxi, finirà per risultare più affidabile a livello internazionale quando, finalmente, giungerà al potere nazionale proprio perché condivideva sinceramente le scelte sbagliate dei governi di destra; mentre la componente di difesa dei veri interessi nazionali (ad esempio, i rapporti con Putin e con la Russia) che pure, a parole, Berlusconi e molti dei suoi, sostenevano, non poterono realizzarsi.

Troppi interessi in gioco, troppi ricatti in corso.

Ma torniamo al mio lavoro per conto del Ministero successivamente al 2002, che si stava evolvendo in modo non del tutto previsto.

Quando, infatti, era esploso il caso Parlamat, ci fu un richiamo alla realtà persino per i Collegi sindacali degli enti; la scarsa responsabilità dei vertici aziendali e delle cosiddette agenzie di rating[153], la politica e le istituzioni europee, per definizione non sottoposte a controlli da parte dei cittadini o di loro rappresentanti, il dilagare delle derive neoconservatrici che avevano portato all'euro, agli attentati dell'11 settembre ed all'escalation del conflitto; tutto questo aveva profondamente modificato il mondo di inizio millennio e, quindi, sotto la lente di ingrandimento finirono gli unici controllori che dovevano rispondere alla proprietà (che nel caso dei grandi enti pubblici erano i Ministeri vigilanti).

Intanto, gli stipendi erano stati pesantemente rivisti verso il basso, le risorse a disposizione sempre più risicate, automobili ed altri privilegi alla fine.

La crisi, iniziata nella tarda primavera del 2001, continuava a mordere la gran parte della popolazione, ma chi controllava i mezzi di informazione poteva dare un'immagine del mondo più ovattata dove gli unici problemi sembravano le guerre ed il rafforzarsi del fondamentalismo islamico.

Disoccupazione, precarizzazione, insostenibilità dei debiti contratti per comperare una casa(154) o per sostenere il livello pregresso dei consumi, deindustrializzazione, rarefazione dei servizi pubblici e dell'assistenza in tutti gli ambiti: sembravano questioni secondarie ed inevitabili.

I miei due mandati quadriennali all'INPDAP si conclusero alla fine del 2010, quando ebbi lo stesso incarico all'INPS.

Durante quei due mandati ebbi modo di recarmi più volte in Congo – RDC – dove mio fratello Don Matteo era ed è missionario, su invito di quest'ultimo e dell'Ambasciata italiana. La mia ambizione era quella di ripristinare le produzioni autoctone e rendere autonomi i Congolesi, anche grazie all'introduzione di una nuova moneta che avrebbe contribuito a spiazzare i prodotti di importazione e consentito la circolazione dei beni e servizi essenziali per una comunità, ma tutti approntabili senza dover importare alcunchè: 1) derrate alimentari; 2) vestiario; 3) oggettistica di uso quotidiano; 4) costruzione di alloggi senza cemento; 5) servizi di cura delle persone e dell'ambiente, compresa la scuola; 6) sanità tradizionale (in RDC i giovani si stanno disabituando ad un'efficace e radicata fitofarmacia).

Molti ambienti ecclesiali mi appoggiavano, ma senza esporsi

troppo; il vicepresidente del consiglio, Emile Bongeli Yeikelo Ya Ato, invece, convintissimo e operativo: immediatamente, il Governo cadde ed Emile finì in disgrazia. Così transitano le cose del mondo.

Ma torniamo ai fatti italiani: esaurita storicamente l'esperienza berlusconiana, l'ordine della Troika all'amico post-comunista nonché Presidente della Repubblica Giorgio Napolitano, fu la sostituzione di un governo legittimo con uno del Presidente. Ed ecco riapparire il professor Monti, rimesso a nuovo per l'occasione.

Allora mi sembrò una situazione allucinante: quasi tutte le categorie sociali vennero fortemente penalizzate, ovviamente con effetti più gravi, man mano che si scendeva nella classe di reddito. Piccolissime imprese e lavoratori, soprattutto pubblici, risultarono talmente danneggiati da abbandonare, a milioni, la classica impostazione italiota del "non si sa mai", "meglio non rischiare", "se protestiamo ci tolgono anche quello che abbiamo", eccetera eccetera.

Detto col "senno del poi", il fatto che il governo Monti ci portasse verso il baratro ad una velocità elevatissima (spending review, austerity, inglobamento dell'Inpdap nell'Inps che diventava un mostro e quant'altro) presentava un grande vantaggio: la gente delle campagne e delle città, dei paesini e degli uffici, delle piccole imprese e dell'artigianato, tutti o quasi, cominciarono ad avvicinarsi ai movimenti di protesta e dintorni; il Movimento 5 Stelle cominciò a far paura; Paul Barnard e l'MMT (Modern Monetary Theory) a raccogliere migliaia di adepti, prevalentemente giovani; Sovranisti(155), Forconi(156) ed altri comparvero agguerriti ed io notai come, da pochissime persone fino a tutto il 2011, i partecipanti ai nostri convegni, incontri, presentazioni e dibattiti sui miei stessi libri, passassero dalle decine alle centinaia alle migliaia.

Fu talmente forte, tale passaggio, a tutti i livelli, che lo stesso Presidente Napolitano (ribattezzato, giustamente "Re Giorgio") decise di cambiare qualcosa: Mario Monti fu rapidamente defenestrato e venne pescato Enrico Letta, l'allievo prediletto del prof. Andreatta che lo stesso Franco Marini aveva lanciato anni prima (assieme a Dario Franceschini) per dare un futuro al Partito Popolare.

Interrogato da alcuni attivisti 5 Stelle su cosa pensasse delle mie teorie economiche, Enrico Letta, prima della sua caduta, ebbe a rispondere: "Temo che abbia ragione".

Letta assicurò la continuità di direzione rispetto a ciò che la Troika voleva per l'Italia, ma riducendo al minimo la velocità di raggiungimento del baratro: ciò non bastò a fermare l'impeto dei movimenti e, in un men che non si dica, Re Giorgio trovò la soluzione in uno che avrebbe promesso di cambiare la direzione di raggiungimento del baratro e che aveva dimostrato di saper raccogliere il consenso, in tutti i modi possibili: Matteo Renzi.

Intanto, molto era cambiato in Europa e nel mondo. Si era manifestata una frattura nella finanza internazionale tra chi riteneva necessario mantenere l'impostazione di austerity e di spending review onde massimizzare l'emissione di titoli tossici anche a sostegno degli stessi[(157)] e chi, invece, voleva trovare una posizione che lasciasse qualche spazio allo sviluppo, autorizzando mezzi monetari illimitatamente e mantenendo restrittive le politiche di bilancio assieme alla deflazione salariale; in questo modo, il sostegno alla finanza ultraspeculativa (che non si preoccupa del valore dei titoli) avrebbe assorbito quasi tutte le risorse, ma si sarebbe potuta dare l'idea di una ripresa del credito e dell'economia (ovviamente, non si capisce sostenuta veramente da cosa).

Interprete in Europa di questa seconda linea che aveva ormai conquistato l'America di Obama – bancarottiera, guerrafondaia, ma non del tutto neoconservatrice – fu Mario Draghi che si allineò subito, come Governatore della BCE, alle strategie della FED, della BOJ, per non parlare delle altre Banche Centrali, sempre più padrone del mondo, della liquidità, della possibilità di ricattare persino risparmiatori e banchieri speculatori, oltre che i poveri Stati, le piccole e medie imprese, le famiglie.

Anche questa metamorfosi europea – che sembrava sottolineare una differenza tra chi voleva sostenere i grandi principi dell'Unione dando importanza allo sviluppo e chi, invece, pareva voler solo ribadire una miope coltivazione del proprio orticello (in particolare la Germania) – agevolò le promesse di Renzi. Queste ultime, ben si coordinavano, almeno all'inizio, con quanto accadeva in altri Paesi mediterranei: ma, per farla breve, le politiche di emancipazione dall'austerity e dal calvario sociale (lo stesso welfare era considerata una costruzione da abbattere grazie alle famose "riforme") risultavano fallimentari all'interno della gabbia dell'euro.

D'altra parte, la parola d'ordine di uscita dall'euro – che aveva trovato numerosi seguaci durante la fase in cui la direzione pareva verso il baratro e variava solo la velocità di raggiungimento di esso – finiva per comprendere esclusivamente avanguardie elettoralmente insignificanti, una volta che i governi ed i partiti tradizionali cercavano di dare messaggi di fiducia e speranza in un prossimo e, ovviamente certo, sviluppo(158).

Poco prima della campagna elettorale del 2012, cercai di riunificare il quadro di coloro che si opponevano alla linea della Troika (per certi versi, come si è accennato, oramai divisa tra fautori delle Banche Centrali e "conservatori"), ritenendo necessario un "programma minimo"(159); sulla differenza tra ciò ed un "programma massimo" che ci avrebbe diviso, ottenni dei risultati, ma inciampai rovinosamente sugli egocentrismi e narcisismi dei vari capetti di questo o quel gruppetto e sul fatto che oramai il Movimento 5 Stelle aveva superato la soglia critica di una significativa rappresentanza in Parlamento.

Il Movimento 5 Stelle non seppe e non volle approfittare dell'impasse derivante dalla situazione creatasi con l'offerta di Bersani e che avrebbe coinvolto il tema dell'elezione del Presidente della Repubblica. Finì come finì.

Il discorso è ancora aperto, ma, se il M5S non saprà selezionare quadri e candidati in base a criteri adeguati, temo che le cose si metteranno peggio per tutti.

Nel frattempo, comunque, il mondo è cambiato parecchio e velocemente: l'Europa che non c'è appare sempre più improbabile come protagonista della scena mondiale, la Cina e gli altri grandi Paesi emergenti stanno cambiando la Storia, l'impero USA può contenersi in un sistema di nuovi accordi internazionali oppure – trascinato dagli interessi e dalle forze neoconservatrici – coltivare la prospettiva della guerra termonucleare.

La prevedibile evoluzione dell'onda migratoria dalle aree dove il reddito progredisce meno delle nascite ed i conflitti sono divenuti incontrollabili (soprattutto per l'azione destabilizzante voluta dai Paesi occidentali incapaci di esprimere una leadership politica adeguata), spinge tutti a scoprire le carte; infatti, la confusione tra i moventi e gli obiettivi di questi milioni di profughi, richiedenti asilo ovvero un qualche futuro per sé e per le proprie famiglie, consente sia una strumentalizzazione politica della situazione (che potrebbe solo portare ad un aggravamento e non a vere soluzioni), sia una spaccatura tra chi cerca manodopera a basso costo[(160)] e chi vorrebbe difendere una condizione di malintesa stabilità etnica[(161)].

3. Fallimento dei neoconservatori, monete alternative e conclusioni: il piano "C"?

3.1 Bilancio finale dell'accordo Kohl-Mitterand del 1989

L'accordo tra i due leader europei – in qualche modo avallato dallo stesso Andreotti – produsse i suoi frutti: lo sviluppo dell'Italia venne compromesso; l'abbandono delle partecipazioni statali e le privatizzazioni subirono una forte accelerazione; il Paese tese a perdere vieppiù autonomia, incalzato dall'interesse francogermanico alla nostra deindustrializzazione e dall'esplosione di Tangentopoli che colpì gli ultimi residui di eurocriticità.

Gli accordi, dopo il fallimento del sistema monetario europeo (1992), si sarebbero fatti sempre più cogenti e irreversibili: l'euro avrebbe rappresentato la gabbia entro cui morire senza possibilità di uscita.

Ma tutto si è realizzato di quella deriva, imbevendosi di irreversibilità?

Pur con qualche eccezione, la grande industria privata italiana risulta virtualmente scomparsa; il 70% delle mitiche aziende a partecipazione statale (che tutto il mondo ci invidiava perché erano completamente diverse e ben più efficienti delle classiche imprese a gestione pubblica), in qualche modo perdute, vale a dire svendute, spesso a valori di magazzino; le piccole imprese ridotte del 25% (rispetto al fatturato a valori costanti del periodo precedente il rapido declino); il sistema infrastrutturale in abbandono (con interessanti eccezioni per le ferrovie); i servizi pubblici continuamente compromessi da esigenze varie (riduzioni delle tasse, fantomatiche riforme, persecuzione dei dipendenti pubblici, sponsorizzazione della lucrosa "concorrenza" dei privati).

Tuttavia e ciò non ostante, la deindustrializzazione del Paese non risulta né completa, né soddisfacente per i competitori europei: le piccole e piccolissime dimensioni continuano a produrre e innovare, garantendo continuità all'export ed alla sostituzione di importazioni.

A differenza delle piccole e piccolissime imprese francesi o tedesche, infatti, le italiane non sono poco efficienti o rivolte esclusivamente al mercato interno.

Eppure esse, a parte rare eccezioni, non hanno avuto aiuto né dalle banche, né dalla pubblica amministrazione, non hanno potuto contare su un sistema infrastrutturale adeguato ai tempi ed al rango internazionale del loro Paese, hanno sofferto per situazioni di ordine pubblico e legalità, in generale degni di realtà oggettivamente più arretrate della nostra.

Considerati i loro bilanci (in attivo sistematico solo nel 10% dei casi), condizionati anche dai fattori precedentemente accennati, la questione più importante che, forse, deve porsi, appare la seguente: se il 90% delle piccole e piccolissime imprese italiane – pur risultando efficienti dal punto di vista del mercato – non realizza profitto (dopo pagate le tasse e tutti i costi, compreso quello del danaro e la remunerazione del titolare al livello, circa, di un operaio) perché continua a produrre, perché non chiude?

Qualsiasi manuale di economia suggerirebbe di vendere l'attività e campare di rendita; invece, questi piccoli e piccolissimi imprenditori decidono di controllare risorse reali (a costo di assumere comportamenti che, a livello finanziario, sembrerebbero irrazionali), darsi un ruolo e una dignità nella società, assicurare una qualche forma di impiego ai propri familiari (e non solo).

Si parla di 4 milioni di famiglie, di oltre 10 milioni di lavoratori (alcuni dei quali in nero o irregolari, anche loro malgrado perché non c'è nessuno che si debba o si voglia veramente prendere la briga di metterli in regola).

Se a questi eroi aggiungiamo i milioni di addetti all'agricoltura (anche quelli che non risultano tra gli occupati o tra i dipendenti, le casalinghe nonchè i casalinghi a tempo pieno) e i milioni di volontari nei servizi di cura delle persone e dell'ambiente, cominciamo ad avere l'idea di un'economia che non segue il profitto (ma è maggioritaria, significativa ed efficiente nel Paese), ha vincolo di bilancio (ma destina all'attività produttiva risorse di vario tipo e provenienza), potrebbe riferirsi ad un modello sociale e, quindi, politico, del tutto diverso da quanto risulta più rappresentativo nel mondo ufficiale, così soggetto a critiche e riserve.

Si tratta, forse, di rivisitare un approccio politicopopolare negletto, quello gramsciano, tuttavia così promettente se l'analisi che si sta tentando di offrire in questo scritto risultasse confermata in una cultura in grado di emergere dal basso più che dall'alto.

Ciò potrebbe collegarsi alle varie considerazioni su Moneta e Società, i vari aspetti di esse che stanno prendendo forma nell'ambito di quella che, oramai, quasi tutti stanno valutando come una crisi di sistema, non un fenomeno passeggero.

Se la piccola impresa italiana risulta così diversa da quella francese o tedesca, nella sua volontà di darsi uno spazio reale, controllare risorse e via dicendo, tuttavia essa ha un modello cui riferirsi: quello nordamericano del quale si conoscono solo la finanza, le grandi imprese, le multinazionali della guerra; ma dove esistono anche tanti piccoli produttori che il tradimento degli anni '70 ha espulso dalla classe media o, più esattamente, dalla centralità storica che aveva caratterizzato, sovente, quella democrazia. Anche negli USA, dunque, se i piccoli sapranno riprendersi quello che è stato loro tolto in questi decenni, soprattutto a livello di peso politico, la democrazia potrebbe ritrovare quota e stimoli.

2.2 Il mistero della moneta scomparsa

Con il capitalismo ultrafinanziario e la rarefazione della moneta a corso legale, soprattutto dopo il crollo del sistema interbancario nel 2008, si delineano spazi per formule alternative e complementari di pagamento.

Emergono "monete matematiche" come i "bit coins" che, sostanzialmente, riproducono lo "schema Ponzi" (i vecchi sottoscrittori ricevono una remunerazione – prevalentemente od esclusivamente in tale valuta – grazie all'ingresso dei nuovi ed in funzione dell'intensità di tale movimento), ma con la variante di una regia informatica che previene il raggiungimento del punto di non ritorno: ovvero del momento in cui prevalgono le richieste di conversione in altra moneta, in beni, in servizi rispetto alla crescita complessiva del fenomeno (nel caso dei bit coins, tuttavia, qualche problemino si è avuto quando la Cina ha valutato, anticipatamente ovvero inaspettatamente, di tirarsi fuori).

Sconti ed abbuoni vengono monetizzati, anche mediante accrediti informatizzati, sia per fidelizzare i clienti, sia per sfruttare l'allargamento delle vendite di cui è sufficiente che una minima percentuale – moltiplicata per un numero elevato di casi – venga recuperata al promotore, all'utente, al sottoscrittore.

Avanzano i sistemi di compensazione tra imprese, il "barter" (inteso come accredito o movimentazione di giacenze di magazzino o quant'altro), addirittura si pensa di coinvolgere le istituzioni e le pubbliche amministrazioni sempre più a corto di denaro a corso legale.

Riprende, così, quota la moneta fiduciaria che chiunque può emettere, basta che la accetti, ad un certo punto, in pagamento dei propri crediti; anche la stessa moneta statale a corso legale è nata così, con l'unica differenza della sua coercizione: ma, in teoria, lo Stato o qualunque pubblica amministrazione ne potrebbe emettere – nei limiti e nei termini che cercheremo di esaminare tra poco – a patto di accettarla in seguito a pagamento dei tributi.

In base agli accordi monetari e bancari europei, d'altra parte, gli Stati si sono impegnati a non emettere euro o valuta a corso legale fuori dai casi consentiti[162]; non anche moneta fiduciaria. Tale circostanza, evidentemente, non è stata considerata rilevante al momento del varo della moneta unica[163]; tuttavia, una ricostruzione di eventi recenti, al proposito, potrebbe risultare interessante se non inquietante.

All'inizio, diciamo dopo il 2005, le monete complementari vengono considerate quasi una curiosità, un giochino di poco conto, un fatto assai marginale (come gli sconti o tutte le altre forme che – a differenza dei buoni pasto od altri titoli "coperti" da valuta a corso legale – comportano un uso materiale o virtuale di segni o simboli riconducibili alla moneta e, però, nella percezione della gente, diversi e lontani da essa).

In realtà, è giusto osservare che rilevanti esperienze di monete complementari di vario tipo – a prescindere da quanto è accaduto nel corso della storia, antica e recente – erano già in corso fin dal default argentino (anzi, queste forme di liquidità avevano protetto la popolazione da difficoltà maggiori); il Bristol Pound, il Banco Palmas e il M-Pesa hanno in comune il sostegno delle istituzioni; il Sardex si basa su sistemi di compensazioni tra imprese; il Regio, forse il più noto, sulla tecnica del demurrage, cui anche Giacinto Auriti aveva dedicato molte energie (i partecipanti conferiscono una determinata quantità di moneta a corso legale e viene emesso un multiplo di essa che si svaluta progressivamente col tempo e col non uso, finchè si torna al concambio e si recupera il capitale depositato).

Dopo la crisi finanziaria del 2008 e l'aumento della scarsità arbitraria di alcune valute a corso legale, soprattutto in area euro, entrano in campo, sul tema delle monete complementari e dintorni, alcuni "colossi" come l'MIT, il Club di Roma, l'Università Bocconi, alcune importanti amministrazioni locali d'oltralpe, il Parlamento italiano dove è depositata una proposta legge al proposito[164] e dove si sta preparando un emendamento all'articolo

24 della legge 164/2014 teso a consentire sgravi fiscali ai consorzi che abbiano costituito fondi in unità di conto da destinare alle amministrazioni locali per la manutenzione del patrimonio pubblico.

Nel corso del 2012, l'MIT ed il Club di Roma (sezione Europa) investono, addirittura, Bernard Lietaer ed altri studiosi – che avevano recepito la pesante eredità del famoso Rapporto sui Limiti dello Sviluppo di quarant'anni prima – del compito di redigere uno studio su moneta e ambiente; un testo, tradotto e pubblicato in italiano meno di tre anni dopo (LIETAER 2015).

In esso, vengono messe in luce le caratteristiche di un'economia fortemente condizionata da una finanza speculativa e da un'abbondanza di mezzi monetari con eccessiva emarginazione di quelle componenti produttive che, invece, sarebbero state da incoraggiare e far sviluppare (seppure in un'ottica molto vicina a quella che si è riconosciuta come "decrescita felice").

Secondo Lietaer e gli altri autori del Report, dunque, sarebbe mancato proprio l'anello decisivo tra moneta e sviluppo sostenibile; tale "anello" sarebbe costituito dalla moneta fiduciaria o complementare. Lietaer fa esempi, di cui il più importante appare quello greco (ovviamente, la Grecia è la realtà europea dove la scarsità artificiosa di euro – specie per quanto riguarda i servizi pubblici, la cosiddetta economia verde e sostenibile – appare più evidente: "Il più grande successo dell'euro… la Grecia!" aveva sentenziato Mario Monti ancora Presidente del Consiglio italiano, per significare questo condensato di scarsità, tagli della spesa pubblica e dei salari.

Lietaer descrive minuziosamente come funziona questa nuova moneta greca, i "civics", che dovrebbero affiancarsi agli euro per consentire di sviluppare attività produttive per le quali, altrimenti, mancherebbero i mezzi necessari.

Una pubblica amministrazione che non ha un euro per sistemare le strade, dare un lavoro e un reddito ai disoccupati, aprire un nuovo asilo, fornisce 50 civics al giorno ai disoccupati per aggiustare le strade (pari ad un controvalore di altrettanti euro); poi apre l'asilo e dice ai genitori dei bambini (che devono fornire all'amministrazione un contributo per il funzionamento dell'asilo stesso), di procurarsi i civics (qui l'amministrazione non vuole gli euro, ma i civics); i genitori non sanno cosa siano, ma viene loro spiegato che possono comprarli dagli attuali occupati nella manutenzione delle strade. Risultato: il Comune, senza sborsare un solo euro (che non aveva in bilancio), ha sistemato le strade, dato un lavoro e un reddito ai disoccupati, aperto il nuovo asilo nido.

Secondo alcuni economisti, la Grecia sarebbe, dunque, stata sul punto di uscire dall'euro, di fatto; non un'uscita clamorosa e traumatica, ma un accompagnamento verso spiagge più sicure. Qualcosa, dunque, di molto simile a quello che abbiamo chiamato (v., in questo testo, la nota 158) il piano "c" di un'uscita dall'euro.

Tuttavia, qualcosa non va per il suo verso: Tsipras, che controlla un'adeguata maggioranza parlamentare, chiama al governo Yanis Varoufakis, docente in un'Università americana vicina all'MIT e che fa capire di avere, come asso nella manica, un sistema monetario alternativo (poi si parlerà di carte di credito, in sostituzione, almeno parziale, di quelle in euro). Yanis Varoufakis ostenta sicurezza, affronta la Cancelliera Merkel minacciando l'uscita della Grecia dall'euro; il governo greco vince un Referendum in cui vengono respinte le vessatrici condizioni europee.

Ma la Cancelliera – che avrebbe tutto da perdere da una Grexit (anche perché i derivati sul debito greco, come da manuale del capitalismo ultrafinanziario, sono un multiplo del debito originario), punta i piedi fino a sfidarlo ad uscire dall'euro; alle banche tedesche serviva che il debito greco ed i suoi derivati rimanessero nell'attivo dei loro bilanci, molto più di quanto non fosse importante che, ad un certo punto, il debitore fosse messo in grado di pagare qualcosa.

Nel frattempo – è qui il punto – si è mosso qualcosa: da qualche sede è partito l'ordine di bloccare ogni iniziativa di moneta complementare o aggiuntiva e l'"anello mancante" preconizzato da Lietaer e dagli altri (e, perché no, da Yanis Varoufakis) rimane tale.

Il "piano c" ha fatto paura agli artefici del capitalismo ultrafinanziario perché il rischio dell'abbandono della moneta merce (euro) sarebbe cresciuto e, con esso, la minore efficacia della leva della scarsità; insomma, nel caso greco, gli interessi della Deutsche Bank hanno prevalso anche su quelli della stessa Germania!

Certamente, non si può ignorare che i Greci avevano chiesto ed ottenuto aiuto dalla Russia di Putin, un aiuto fortemente agganciato alla stessa Chiesa ortodossa; ma, nel Mediterraneo, ciò avrebbe rappresentato, per gli USA, una svolta troppo forte. Gli accordi voluti da Obama a favore dell'Iran e di Putin, in contrasto con gli interessi sionistici (i quali non potrebbero reggere la soluzione della questione palestinese), non erano ancora stati compiutamente definiti; i rapporti tra l'ambigua Turchia (nemica dei "suoi" Curdi, amica dell'ISIS e pronta a sostenere la prevista crociata contro il nascente Stato Islamico) e la stessa Grecia, pericolosi per tutti. L'uscita della Grecia dall'euro – possibile, facile e necessaria[165], ma assolutamente non preparata – venne ostacolata dalla prospettiva di una crisi finanziaria dovuta alle banche tedesche e dal conseguente allineamento della Cancelliera sulle posizioni attendiste e conservatrici (circa l'euro e l'Unione Europea) degli USA.

In Italia, contemporaneamente, parte un progetto di legge (il cui primo firmatario è l'On. Sergio Boccadutri del PD) che vuole ricondurre alla Banca d'Italia il controllo sulla nuova moneta, con l'unica distinzione tra 1) moneta elettronica o virtuale (come i bitcoins) avente base di riferimento in un determinato quantitativo di moneta a corso legale e 2) unità di conto nei sistemi di compensazione, con esclusione, quindi, di quanto abbiamo descritto, ad esempio, a proprosito dei civics; l'Università Bocconi rafforza il suo interesse per la materia; nascono importanti iniziative in sede imprenditiva che si occupano di moneta complementare, compensazioni, barter, ma negando che – dietro l'angolo – possa esserci la prospettiva di un progressivo sganciamento dall'euro.

Dunque, poco prima di entrare nella realtà in modo significativo e, nell'immaginario collettivo, in modo sufficiente, la moneta complementare o "anello mancante" comincia ad annaspare: forse non è un "mistero", ma una situazione in cui il brutto anatroccolo – seppur nella consapevolezza di diventare cigno – affoga miseramente nello stagno. Per evitare una fine così tragica non c'è che una cura: l'alleanza tra le forze produttive e le istituzioni per varare monete complementari, fiduciarie, alternative parallele intanto che qualcosa di più ampio si smuova.

Ripetiamo: sarebbe bello il piano a (l'uscita concordata dall'euro), sarebbe bello il piano b (un'uscita non concordata, ma con appoggi internazionali tali da contenere il dilagare della speculazione), ma farebbe paura un piano c di affiancamento di altre monete all'euro, seguito da un progressivo depotenziamento di quest'ultimo.

3.3. Conclusioni: le prospettive. Può servire il piano C?

Oggi, il mondo appare sempre più caratterizzato dai BRICS e sempre meno dall'impero americano (che, però, ha ancora in mano il boccino, potendo muoversi nel senso neoconservatore ed avventurista di una guerra termonucleare ovvero cercare un accordo con gli stessi BRICS, soprattutto se i principali Paesi europei batteranno un colpo).

Che tipo di mondo, dunque, potremmo avere davanti? Qui non si tratta di mere ipotesi, ma di vere e proprie prospettive.

L'attuale capitalismo ultrafinanziario – reso possibile dalla operosità delle Banche Centrali che gli forniscono linfa illimitatamente – appare interessato all'allargamento continuo nella emissione di titoli che, anche attraverso la loro collateralizzazione[(166)] fanno aumentare la disponibilità di mezzi monetari: questa disponibilità è a portata di mano delle imprese, ma appaiono escluse quelle piccole, vale a dire le stesse che risultano ampiamente penalizzate anche nel credito.

In teoria, dunque, niente impedirebbe alle piccole e piccolissime imprese di consorziarsi e creare reti per approfittare della situazione: ma cosa collateralizzerebbero? Dovrebbero emettere, a loro volta, titoli (carta straccia che, però, accettata dal sistema finanzario, banche universali, Banche Centrali, intermediatori di varie specie, shadow banking, eccetera, servirebbe a promuovere progetti); ovviamente, tale prospettiva spingerebbe le imprese in un vortice di crescente indebitamento ed insostenibilità finanziaria, in cambio di mezzi monetari o quasi-monetari (illimitati, sì, ma, paradossalmente, eccessivi rispetto alle realizzazioni produttive).

In alternativa, le piccole e piccolissime imprese e le realtà ad esse equiparabili (cooperative, attività a conduzione familiare, autoconsumo, ecc.) potrebbero attrezzarsi per coordinare gli scambi fra loro di beni e servizi – prima approntati e poi messi in condizione di valorizzazione sociale – utilizzando lo strumento di una qualsiasi moneta locale, complementare, fiduciaria.

Così, nell'ambito di una determinata comunità, verrebbe abolita la disoccupazione: ognuno potrebbe fare qualcosa e rendersi utile, anche a richiesta, ottenendo in cambio altri beni e servizi eccedenti rispetto alle esigenze proprie del produttore. Ad un certo punto (crescendo di dimensione), la comunità avrebbe bisogno di un criterio di calcolo delle ragioni di scambio: ed ecco la moneta locale, fiduciaria, complementare.

Gli scambi esterni alla comunità potrebbero avvenire con altre monete locali (per la qual cosa urgerebbe una stanza di compensazione) o con valuta internazionale, necessaria per importare quanto non si è in grado di produrre all'interno. Come si è già accennato, dunque, si tratterebbe di un'economia aperta e non autarchica, ma dove la priorità ed il motore è dato dalla massimizzazione della produzione locale e le esportazioni risultano unicamente funzionali a finanziare le importazioni strettamente necessarie.

Le nostre società appaiono caratterizzate da una contraddizione che l'attuale economia, con le sue regole, non appare in grado di risolvere: abbiamo milioni di posizioni lavorative non attivate nel campo dei servizi di cura, manutenzione, pulizia, per non parlare delle tante possibili iniziative legate alla cultura, all'arte, alla creatività in genere, da una parte, e una teorica offerta di beni materiali ed energia caratterizzati da illimitatezza e costi decrescenti, dall'altra. Questo vuol dire che, dove i costi diminuiscono, l'occupazione si riduce e dove i costi sono costanti[167] sembra che non abbiamo modo di garantire un reddito adeguato.

Forse è qui che dobbiamo aggredire la contraddizione: fornire, comunque, una remunerazione dei lavori socialmente necessari, in modo che tale munere consenta l'acquisto dei beni prodotti dalle industrie a costi decrescenti. È difficile che, nelle attuali condizioni, ciò possa funzionare a livello globale: ma funzionerebbe ad un livello tale da sistemare una sufficiente quantità di offerta di entrambe le attività; così, una certa comunità riconoscerebbe i mezzi di pagamento emessi ed i produttori li accetterebbero in cambio o, ancora meglio, in concomitanza, delle loro merci e servizi; sapendo che, in cambio, otterranno altri beni di cui abbisognano.

Ovviamente, valgono ancora soluzioni standard: i Paesi si accordano per fermare il capitalismo ultrafinanziario, ripristinare la funzione del credito ordinario come esclusiva, riportare le Banche Centrali ai loro compiti originari in materia di monete nazionali, sovrane, non a debito. Si tratta di obiettivi condivisibilissimi come la fuoriuscita dall'euro; ma, parimenti, il piano a (l'abbandono concordato) ed il piano b (quello unilaterale) presuppongono maggioranza elettorale e pieno controllo del Governo, mentre il piano c e l'inizio di un'azione per la piena occupazione, a partire dal territorio, possono partire immediatamente[(168)].

Certo, occorrerebbe riprendere lo spirito del Referendum in Grecia e tornare alla moneta parallela che, forse, lo stesso Varoufakis aveva tentato di mettere in campo[(169)].

Tuttavia, qui, si sono solo delineate prospettive di superamento della contraddizione tra forze produttive ed organizzazione sociale; ciò significa individuare gli ambiti culturali entro i quali una determinata comunità si riconosce, si dà delle regole condivise, adotta una o più monete accettate, massimizza le produzioni (quindi raggiunge e mantiene la piena occupazione), si esprime secondo le proprie capacità ed in base alla propria storia, alla propria deriva culturale. Ciò non impedisce, evidentemente, né di progredire, né di aprirsi a contributi provenienti dall'esterno, purchè finalizzati al bene comune che la Politica deve contribuire a identificare.

Note

[1] Si intende quando lo Stato, nella emissione dei titoli del debito non si rivolge alla Banca Centrale, ma alle banche (ovviamente, se le stesse banche sono costrette – a determinate condizioni – ad acquistarne, si parla, invece, di "vincoli di portafoglio", quali furono in vigore, in Italia, fino al 1979); queste ultime possono comprarli anche per conto dei loro clienti, famiglie od imprese.

[2] Non sorprenda questa osservazione: all'inizio dell'esperienza sovietica il responsabile della congiuntura economica, il Russo Nicolaj Kontradiev – precedendo Keynes di circa dieci anni (sul tema, v. GALLONI N. 2007, pp.102-104) – aveva formulato interessanti ipotesi (op. e bibl. Ivi cit.).

[3] Il concetto di "eccesso di risparmio" può risultare ambiguo: lo stesso KEYNES 1978 (1936) lo affronta in modi differenti ed usa appellativi diversi (pp. 220-4, 235-45, 278-90, 453, etc.); qui si intende solo che esso risulta sempre e comunque in eccesso nelle nostre società, come astensione dal consumo, non riguardo alla sua domanda per investimenti (perché gli investimenti si possono effettuare a prescindere dalla preesistenza di risparmio), ma in quanto tale.

[4] Ovviamente, il valore facciale della "base monetaria" al proprio passivo era una sorta di falso in bilancio, in quanto la Banca stessa avrebbe solo dovuto mettere – non nello stato patrimoniale – il costo della stampa delle banconote.

[5] Nei quartieri popolari e nelle sezioni del PCI, ma soprattutto nelle fabbriche i non iscritti che sostenevano idee rivoluzionarie, ben difficilmente erano ammessi alle discussioni.

[6] Sorto durante gli anni '60 in aperto contrasto con le scelte via via meno anticapitalistiche del PCI, soprattutto per l'uscita di militanti che si rifacevano alla tradizione leninista (e stalinista), abbracciando le tesi di Mao Tse Tung; si era presto diviso in "linea nera" (il cui leader era Osvaldo Pesce, di più rigida osservanza maoista, ma con scarso aggancio alle realtà del territorio, fabbriche, campagne) e "linea rossa", cui io aderii (il leader era Angiolo Gracci, ex

partigiano, già avvocato della Camera del Lavoro di Firenze, con posizioni più moderniste).

(7) GALBRAITH 1967, fece scalpore con la sua tesi per cui la massimizzazione delle vendite e la riduzione del saggio di profitto, da una parte, l'organizzazione tecnostrutturale complessa che emarginava le precedenti figure imprenditive, dall'altra, avrebbero consigliato, suggerito o determinato un'evoluzione della grande industria verso la sfera pubblica invece di restare nell'ambito del privato (op. cit., p.171). In seguito, GALBRAITH 1978 e 1980, riaffermò che l'agricoltura e la povertà di massa potevano affrontarsi solo con una privatizzazione delle campagne che, inoltre, avrebbe favorito incrementi di produttività ed efficienza (op. ult. cit. p. 27 e sgg.).

(8) La remunerazione dei titoli obbligazionari e dei depositi anche sotto il tasso di inflazione non modificava di molto la tendenza dei risparmiatori verso investimenti alternativi: chi aveva già propensione per il mattone, il materasso o la borsa, la manteneva senza, appunto, che si manifestassero significative variazioni nei comportamenti. Forti cambiamenti, invece, segnarono le singole esperienze nazionali man mano che i tassi di interesse reali cominciarono a crescere: Gran Bretagna e Stati Uniti prima, Italia e Francia con l'inizio degli anni '80.

(9) La riduzione dei servizi resi dallo Stato in comparti primari come la Sanità, l'Istruzione o i Trasporti (non si parla di panettoni o caramelle!) comporta una crescita dei costi per le famiglie ed una loro più contenuta dinamica dei consumi, quindi un aumento della spesa pubblica per i nuovi disoccupati (dovuti al saldo tra posti persi nel lavoro pubblico e nella manifattura, guadagnati nel settore dei servizi privati); se quest'aumento della spesa pubblica viene finanziato col ricorso diretto al mercato e a tassi crescenti di interesse, si crea una spirale negativa caratterizzata dalla necessità di tagli alla spesa pubblica e destinazione di maggiori risorse al servizio del debito che si può risolvere con l'orrendo avanzo di bilancio di parte primaria. Come dire: lo Stato deve prendere di più dall'economia, attraverso le tasse, di quanto non restituisca con la spesa.

(10) Al crescere del reddito delle famiglie, infatti, le maggiori risorse destinate al consumo di beni materiali inducono le imprese a far aumentare la spinta all'introduzione di tecnologie che risparmiano risorse ed agenti inquinanti per unità di prodotto; quelle finalizzate alla domanda di servizi spingono alla riduzione nell'incidenza delle produzioni più inquinanti sul totale (GALLONI N., 2015, p. 9 e sgg.).

(11) GALLONI N., 2014a, ital., p. 52 e sgg.; engl., p. 162 sgg.

(12) Alle elezioni del 1976, il PCI aveva superato la DC, ma non volle far pesare tale circostanza per chiedere di adeguare il Paese alla mutata situazione.

(13) Per tutti, un testimone "scomodo", LIVIGNI 2013.

[14] FITOUSSI 1997, p.16 e sgg. Parla del G5, ma a me risulta la riunione n.5 del G7 (quindi compresa l'Italia).

[15] FMI e Banca Mondiale erano sorte con l'obiettivo di aiutare i Paesi in ritardo a dotarsi di un apparato industriale in modo, almeno, di sostituire importazioni; in realtà, già dagli anni '50, essi cominciarono a finanziare qualsiasi disavanzo (dovuto alle importazioni di armi o di beni di lusso, fino ai flussi speculativi in genere) purchè detti Paesi si allineassero agli interessi statunitensi ed accettassero le ricette di politica economica quasi sempre destinate a favorire grossi disastri nazionali. Alla luce della recente testimonianza di KISSINGER 2015, p.147 e sgg., si potrebbe ipotizzare che l'obiettivo fosse sempre il disastro nazionale, operato da ignoranti o da criminali o da team di entrambe le tipologie.

[16] Ripubblicato in GALLONI N., 2002, pp. 177-184.

[17] GALLONI N., 2014b, p. 68 e sgg.

[18] ANDREATTA, 1991.

[19] Un equilibrio tra entrate ed uscite a proposito del funzionamento delle istituzioni ed all'erogazione di servizi è raccomandabile per agganciare il livello degli stessi allo sviluppo di un determinato territorio (potrebbe risultare un pilastro federalistico...); ma la presenza di risorse disoccupate (che riducono un più ampio spiegamento di reddito lordo e di tasse) può venir risolto solo con un adeguato disavanzo pubblico finalizzato al loro riassorbimento. In alternativa, la riduzione del costo dei fattori e delle stesse tasse ha sempre e solo dato risultati controproducenti (aumento della disoccupazione, riduzione dei consumi, incertezza, stasi degli investimenti produttivi).

[20] Poiché le banche non necessitano di risparmio se non in minima parte (WERNER, 2014, p. 12 e sgg., GRAZIANI, 1996, p. 5 e sgg.) e chi vuole investire lo può fare con vari mezzi (KALDOR, 1957, LEON, 2014, p. 67 e sgg.), il risparmio può avere solo destinazioni finanziarie finchè non cessa dalla sua condizione venendo utilizzato per l'acquisto di immobili o per consumi: quindi, la spesa pubblica in disavanzo lo utilizza temporaneamente per finanziare attività produttive ed investimenti reali.

[21] Figura cruciale, a quei tempi (e, in parte, anche dopo): gestiva l'acquisto e l'allocazione dei beni fisici di un ministero; era una vera potenza, in grado di garantirsi anche un'incredibile autonomia di spesa e d'investimento...non sempre destinata all'interesse generale, però.

[22] Con tassi di cambio negoziabili (cioè fissi fino ad un certo punto o lasciati fluttuare con resistenze), un aumento della spesa pubblica in disavanzo, andando a stimolare la domanda anche di beni di importazione (e, quindi, di valuta estera) avrebbe influito sul cambio stesso; esclusa – a quei tempi – l'ipotesi di una valuta nazionale non convertibile, occorreva trovare il sistema per abbassare i tassi di interesse (fine del "divorzio", ripristino dei vincoli di

portafoglio) assicurandosi che ciò non significasse un aumento senza limiti della spesa pubblica primaria. Ma Monti, Carli, Andreatta, Ciampi e tutti gli altri non volevano un risanamento dei conti pubblici, ma l'impedimento assoluto della spesa o, forse, ritenevano che, comunque, gli Italiani non avrebbero saputo gestire nessun grado di libertà.

(23) La notte dell'11 ottobre 1985, a Sigonella, militari italiani ed americani si fronteggiarono per il controllo di un aereo di Stato egiziano a bordo del quale si trovavano Abu Abbas e altri terroristi, nell'ambito della conclusione – la meno cruenta possibile – del dirottamento della nave italiana Achille Lauro; seguirono inseguimenti aerei, minacce americane di tutti i tipi e quant'altro, ma il Presidente del Consiglio pro tempore, Bettino Craxi, tenne duro e ottenne risultati di tutto rispetto per l'Italia (cfr. CRAXI, 2015, passim). Nel 1989 non andrà così, come si vede nel testo: l'Italia accettò il diktat straniero.

(24) CARLI, 1993, p. 385 e sgg .

(25) La Banca d'Italia guidata da Carlo Azeglio Ciampi sperperò riserve pregiate a go go per contrastare inutilmente quanto i mercati finanziari, guidati dallo speculatore Soros, avevano capito senza ombra di dubbio: quel sistema, quel modello era fallito; ciliegina sulla torta il prelievo notturno dai conti correnti degli Italiani da parte del Governo guidato da Giuliano Amato che, anni prima, aveva, invece, mostrato di condividere molte critiche a quel modello/ sistema: ITINERARI, Problemi della finanza pubblica, luglio-agosto 1990.

(26) Con una maggiore propensione al consumo, la più elevata domanda determina migliore tenuta della competitività (per via dei costi decrescenti); altro discorso è se, poi, una parte crescente dell'incremento viene destinata ai beni immateriali, anche a causa di una crescita della consapevolezza che può registrarsi dopo che le cosiddette necessità materiali sono state soddisfatte.

(27) Non si sapeva dove si sarebbe andati, è vero, ma giocarono un ruolo perverso le paure di perdere quello che si aveva mentre stavano crescendo – come mai prima – opportunità e realizzazioni.

(28) Prevalse l'istanza a proteggere risparmi e patrimoni invece di quella a proteggere quelle dinamiche dei redditi che avevano portato all'accrescimento di risparmi e patrimoni.

(29) Dopo i negoziati promossi dal GATT tra il 1986 ed il 1994, si giunse all'accordo di Marrakech del 15 aprile di quell'anno ed all'Organizzazione Mondiale del Commercio (OMC) dall'inizio del '95: la Cina ed altri Paesi che non potevano dare garanzie di nessun tipo sul rispetto dell'ambiente, dei diritti dei lavoratori, dei bambini potevano esportare qualsiasi tipo di commodities verso le aree di più antica industrializzazione.

(30) La disoccupazione giovanile aveva toccato, in Italia, il suo massimo nel 1987: con i criteri di allora, il 54%; furono, quindi, introdotti i CFL (Contratti di Formazione e Lavoro) che consentirono l'assunzione biennale di oltre 2,5

milioni di giovani, di cui 1,2 milioni vennero confermati a tempo indeterminato. Nello stesso periodo, un quinquennio, circa, perse il lavoro e fu prepensionato – a spese della collettività – lo stesso numero di anziani: l'aumento dei profitti fu esattamente pari a tale esborso ed al risparmio – per le imprese – derivante dall'assunzioni di giovani meno pagati che sostituivano gli adulti con retribuzioni più elevate.

(31) La funzione storica del sindacato, infatti, è consistita in una difesa dei salari tale da rendere il più possibile conveniente – per le imprese – l'introduzione di tecnologie che riduceva i costi e la quantità di risorse impegnate per unità di prodotto.

(32) La stessa evoluzione della produzione richiedeva dosi massicce di flessibilizzazione sugli orari, i turni, le mansioni; resistere su questo sarebbe stato miope, ma non pretendere, in cambio, pagamenti più elevati (che, alla fine, avrebbero reso, per le imprese, più convenienti le stabilizzazioni) produsse gravi squilibri sociali ed anche aziendali perché i processi di crescita della qualificazione del lavoro risultarono poco incentivati.

(33) La flessibilità doveva venir accettata come vincolo anche da sindacati e lavoratori, in cambio del quale il flessibilizzato doveva essere pagato di più; l'aver disatteso tale dinamica spinse, invece, nella direzione di considerarla un obiettivo, massimizzandola. Così, si è passati alla precarizzazione.

(34) Vedi la nota (30).

(35) Legge n. 335 dell'8 agosto 1995.

(36) Sull'argomento scriveva moltissimo un giovane e bravo giornalista de Il Messaggero, Luigi Malandrino, anch'egli improvvisamente e misteriosamente scomparso.

(37) Denunciai che vi erano due morali: una per votare il partito prescelto ed un'altra i candidati; questa seconda comportava ingenti esborsi, raccomandazioni e quant'altro.

(38) Durante le mie ricerche sulle origini del capitalismo, nella seconda metà degli anni '70, mi ero imbattuto in un gruppo di artigiani della seta (facevano i galloni, quindi, "galoneros" da cui deriva il nome della mia famiglia) che lasciarono la Spagna poco prima dell'espulsione degli Ebrei, ma già si erano convertiti al cattolicesimo al fine di continuare a mescolare il minerale oro e l'animale seta, cosa proibitissima nella loro precedente religione. Il motivo della loro partenza fu, infatti, l'essersi trovati schiacciati tra l'organizzazione corporativa dei gremios (che pretendevano il conferimento di tutto il prodotto e ne vietavano la vendita diretta) e lo strozzinaggio delle finanza genovese. Quindi arrivarono in Sicilia dove trovai i registri parrocchiali dei battesimi e dei matrimoni scritti, a destra, in latino e, a sinistra, in Yiddish. Ma, in particolare, a Troina (attualmente provincia di Enna), non trovavo traccia delle loro attività economiche benché alla Zisa di Palermo esistessero

carte che provavano il pagamento di tasse anche sugli agrumi (l'obiezione degli storici siciliani era che ai 1.200 metri di altitudine di Troina non avrei potuto trovare il gelso bianco di cui si nutre la larva del baco); invece, nelle vicinanze, per combinazione, trovai i mulini alla catalana e le vasche per tingere la seta (nel passato, il clima siciliano era molto diverso, per la presenza massiccia di foreste; da lì mi venne l'idea di uno studio sulla riforestazione, v. la nota 16). Tra le varie famiglie presenti, all'inizio del XVII secolo, oltre i Gallone c'erano anche i Craci, etimologicamente vicino al crocus, il giallo con cui si tingeva la seta.

(39) Il dilemma consisteva nel fatto che un buon manager aveva una quotazione sul mercato; rapportare la sua retribuzione al senso della cooperativa – per quanto di grandi dimensioni – avrebbe significato privarsi di risorse pregiate e necessarie.

(40) Emblematico il caso della cosiddetta legge Marcora, una brillante intuizione degli anni '80: se i lavoratori di una determinata azienda in cassa integrazione se la sentivano di prenderla essi stessi in gestione ("working buyout"), i loro emolumenti assistenzialistici potevano venir anticipati tutti insieme e servire allo scopo. Purtroppo, molte di queste iniziative fallirono perché i tempi di liquidazione della cassa finivano per essere molto più lunghi di quelli richiesti dall'attività produttiva per risultare efficientemente cantierate.

(41) La liquidazione era, in genere, un momento lucroso nella storia della cooperativa perché i profitti accumulati e non distribuiti (quindi non tassati) servivano per ripagare sufficientemente i creditori e remunerare generosamente i liquidatori.

(42) Confederazione delle Cooperative, Confcoop o Conf; Lega Nazionale delle Coop.; Associazione Generale delle Cooperative Italiane, AGCI; Unione Nazionale delle Cooperative Italiane, UNCI.

(43) Queste cooperative erano spesso indicate come "spurie", intendendosi, con tale espressione che tendessero, semplicemente, ad aggirare la normativa vigente in materia lavoristica. Di cooperative "spurie", evidentemente, ce n'erano parecchie (in genere, smascherate dagli ispettori); ma era del tutto inesatto assimilare alle spurie le cooperative non aderenti alle quattro centrali riconosciute.

(44) Passaggio dal DPR 748 del 30 giugno 1972 alla legge 421/92 e al decreto legislativo 29/93.

(45) Decreti legislativi 80 e 387/98, 165/2001.

(46) Un altro grande, scomparso improvvisamente e stranamente.

(47) Previsto dalla normativa vigente; anzi, io avevo scritto al Ministro il mio dissenso, ma la sua segretaria mi guardò compassionevolmente, facendomi capire che oramai era stato tutto deciso: il ramo della massoneria cui faceva riferimento il capo di gabinetto e che comandava anche sui ministri,

con poche eccezioni o li manipolava, appunto, attraverso la congrega dei capi di gabinetto, uffici legislativi, ecc. – quasi sempre magistrati amministrativi – aveva formulato la sua sentenza. Anni dopo, un "colonnello" dei Servizi, pentito, mi confidò che, se fossi rimasto al mio posto e avessi continuato a gestire – oltretutto bene – l'enorme potere che mi era affidato, con moltissima probabilità, sarei stato eliminato anch'io. Quindi non so se e chi ringraziare.

(48) Ad esempio, un capitolo di spesa riguardava il finanziamento di attività indirizzate a creare occupazione; si potevano fare singoli progetti di un modesto ammontare od un'unica gara: a seconda del caso, cambiava il tetto di competenza del dirigente di grado inferiore o superiore. Adesso che, oramai, decide tutto il politico, si sta provvedendo ad eliminare i gradi della dirigenza.

(49) Le Amministrazioni che sono riuscite a mantenersi fuori da certe riformette, come gli Interni, gli Esteri, parzialmente l'Economia.

(50) Il "governo istituzionale" avrebbe preservato la divisione dei ruoli; mettendo un "tecnico" al posto del politico, quest'ultimo avrebbe teso a svolgere entrambe le funzioni.

(51) Nella peggiore delle ipotesi, questo comportava l'aumento dei residui attivi perché il dirigente, nel dire di "no" al politico di turno finiva per bloccare la spesa.

(52) In pratica, il disoccupato o l'aspirante lavoratore, si recava ad un bancomat, digitava il proprio codice fiscale, aggiungeva qualifica e titolo di studio: immediatamente era informato della relativa domanda di lavoro entro un raggio di 50 o più chilometri o di un adeguato corso di formazione. Chi forniva tali indicazioni le ricavava direttamente dalle imprese e dai consorzi di esse. A suo tempo, infatti, avevo segnalato che, nel caso italiano, i livelli regionale o anche quello provinciale, nascondevano la vera natura di un'informazione nel senso che si parlava, ad esempio, di operai qualificati o specializzati, non di orlatrici o filettatori di trote; così, il corso di formazione finiva per riguardare, genericamente, l'inglese o l'informatica, si realizzavano stanzoni con apparecchiature, si pagavano insegnanti, non si faceva veramente incontrare l'offerta con la domanda, né i lavoratori venivano addestrati per impieghi reali. Le imprese cercavano saldatori, camerieri, magazzinieri, idraulici ed il sistema della formazione forniva tutt'altro; calcolai che, in questo modo, si perdevano oltre 5.000 posizioni lavorative all'anno. Ma, mi sembrò, che a nessuno proprio a nessuno, interessasse gran che.

(53) KINDLEBERGER, 1984, passim.

(54) Oltre ai derivati veri e propri (vale a dire titoli basati sul valore di mercato, il rischio finanziario, eccetera), si determinò – di fatto – una catena in cui il capitale dei nuovi sottoscrittori, convinti del fatto che si sarebbe presto superata la crisi, serviva a pagare gli interessi e, in parte, per i più fortunati, i rimborsi dei vecchi sottoscrittori: una specie di "catena di Sant'Antonio".

(55) Qui, per sovrappiù, si intende qualsiasi eccesso rispetto alla dotazione iniziale di una risorsa che abbia subito un processo produttivo, di manipolazione, ecc.; esso, diviso per la quantità originaria della risorsa impegnata indica la redditività dell'operazione complessiva.

(56) Se il rendimento delle attività finanziarie è arbitrario (l'interesse) e risulta superiore a quello dell'economia reale, quest'ultima può venir spiazzata dalle decisioni di convenienza degli operatori. Qualora la riduzione dell'offerta (di beni reali), così determinata, non ne causi un aumento del prezzo relativo, si ha un impoverimento dei produttori; ma, alla fine, risulta insostenibile anche la situazione finanziaria e i tassi di interesse devono scendere.

(57) Dove il tasso di interesse è irrilevante perché i maggiori costi vengono scaricati sui compratori, la domanda "tira" e si adegua all'offerta (quindi, quest'ultima si può espandere finchè non incontra quei limiti che segnano il passaggio alla condizione di produzione tradizionale non di nicchia).

(58) Prezzo e quantità delle risorse utilizzate devono contrarsi più dell'output per difendere i margini di redditività.

(59) Per definizione, i ricchi sono coloro che, avendo già "tutto" non fanno crescere i propri consumi al crescere del reddito.

(60) Se non c'è già la ripresa, ovverossia prospettive di profitto dalle attività reali, gli investimenti si orientano verso la finanza speculativa che promette, ma che poi non potrà mantenere per tutti.

(61) Essa si può finanziare anche con emissione di base monetaria, ma, come si è visto nel testo in precedenza – poiché è bene mantenere una certa proporzione tra la base e le altre grandezze monetarie – i titoli del debito pubblico contribuiscono a drenare la liquidità (o, meglio, il risparmio) in eccesso.

(62) L'altro sistema (aumento assoluto della spesa) è preferibile perché più efficace in quanto il funzionamento delle istituzioni ed il livello dei servizi pubblici è bene che sia agganciato alla tassazione.

(63) Vedi il suo discorso a Selma del 7 marzo 2015 e quello sullo stato dell'Unione del precedente 21 gennaio.

(64) Un caso fondamentale, per capire il cambiamento successivo al 2008, è quello della Deutsche Bank, non messa meglio della Lehman, ma che, grazie agli aiuti dall'alto, ha potuto sfruttare molteplici situazioni per svendere titoli, superare esami già falliti in partenza, speculare sulla manipolazione del Libor cui erano legate alcune tipologie di derivati.

(65) Si è trattato di decine di migliaia di miliardi di dollari, pari a multipli dello stesso PIL americano: così, giusto per avere una grandezza da paragonare.

(66) Per una ricostruzione delle storia del controllo della liquidità GALLONI N., 2014a, pp. 51-69.

(67) Nella fase 1992-2001 l'obiettivo della valorizzazione del titolo doveva mantenersi vicino al 7% perché nel decennio precedente i grandi investitori

istituzionali ed i fondi pensione avevano promesso tale risultato in base al rendimento delle migliori obbligazioni pubbliche quali quelle italiane. Vedi anche CARLI 1993, p.389.

(68) Ci sono Paesi che hanno un rating molto favorevole ed emettono titoli a tassi di interesse particolarmente bassi o negativi (GALLONI N.. 2015 bis, n.173, pp. 22-24); non sempre si capisce come e perché sia stato formulato un rating così favorevole. Il 28 Ottobre 2015, per la prima volta, anche i Bot a sei mesi dell'Italia hanno avuto un tasso di interesse negativo: ciò misura il passaggio, non si sa quanto stabile, dell'Italia di Renzi nel novero delle Nazioni protette.

(69) È il caso opposto di quello osservato nella nota precedente: anche qui non si capisce come e perché certi Paesi meritino un rating così disastroso; forse alcuni potrebbero anche meritarlo, beninteso, ma non tutti.

(70) Nel senso che ci sono comparti produttivi, soprattutto agricoli, in cui i metodi tradizionali possono risultare più adatti all'ambiente ed alla tutela della salute rispetto a quelli più moderni. Occorre studiare caso per caso con la stella polare dei rifiuti zero, della riutilizzazione, ecc.

(71) Prodotti altamente innovativi o indirizzati a segmenti particolari del mercato.

(72) Storicamente, un produttore deve, prima, proteggere la sua industria in modo di massimizzare l'offerta per ridurre i costi di ogni pezzo, grazie alle economie di scala; in tale contesto, se il reddito e la domanda interni aumentano, si registra un guadagno di competitività. In seguito, anche le esportazioni possono contribuire all'aumento di competitività. Se ciò avviene, invece, contenendo il reddito interno, occorrerebbe che le esportazioni superassero il 50% del totale della produzione affinchè l'effetto della minor domanda domestica sulle economie di scala fosse neutro.

(73) Il 29 settembre 2015 a Genova, ENEA e ASG Superconductors hanno presentato il primo modulo di magnete per il reattore di fusione nucleare Tokamak JT-60SA, destinato a riprodurre ciò che avviene nelle stelle. Le cure alternative per la malaria (ad esempio, la riscoperta dell'artemisia) stanno ottenendo crescenti riconoscimenti.

(74) In primo luogo, la malaria che deve la sua persistenza all'impossibilità – per la maggior parte delle poverissime popolazioni interessate – di pagare le cure, con la conseguenza di mantenere la soglia critica della frequenza e della vicinanza tra vittime della malattia stessa. Le cure alternative per la malaria (ad esempio, la riscoperta dell'artemisia) stanno ottenendo crescenti riconoscimenti.

(75) Bisogna distinguere tra la cura (a volte indispensabile, ma, secondo le statistiche, capace di generare danni anche superiori ai risultati positivi) e la guarigione che consiste nel definitivo recupero di salute dei pazienti.

[76] In tutti Paesi stanno crescendo i fenomeni di autonomia alimentare – non importa se completa – delle famiglie.

[77] Economia locale, scambio mutualistico di base e sistemi di compensazione dei crediti, supportati da moneta complementare.

[78] Si tratta di un livello intermedio di scienza e tecnologia che deve dialogare con le forme di collaborazione internazionale su progetti particolarmente impegnativi.

[79] Questa prospettiva potrebbe favorire Paesi come l'Italia che, nella divisione internazionale del lavoro, potranno ricavarsi degli spazi importanti sopperendo a richieste di realtà dieci o venti volte più grandi in termini di popolazione, ma dove le classi medie stanno crescendo prepotentemente. Forse, si tratta del processo di crescita delle classi medie che – circa mezzo secolo fa – aveva interessato i Paesi di più antica industrializzazione.

[80] Nel caso degli USA (ma ciò riguarda anche altri Paesi come Regno Unito, Francia, Israele) il concetto di interesse nazionale viene confuso con un miope egoismo che, alla fine, conduce a risultati nettamente controproducenti in grado di aggravare le situazioni; ciò innesca una spirale velenosa che non può fermarsi fino a che chi ha responsabilità non cerca soluzioni negoziate e lungimiranti nell'interesse di tutti.

[81] Cfr. James CARTWRIGHT, How to Avert a Nuclear War, New York Times del 20 aprile 2015. V. anche le posizioni di Theodore Postol dell'MIT su Wikipedia.

[82] Il sovrano non ammette una subordinazione ad altro soggetto, ma possono esserci limiti e forme all'esercizio della stessa sovranità; ovviamente, si può anche argomentare che, allora, tali limiti e forme siano sovraordinati rispetto al sovrano (ma si tratterebbe di una sovraordinazione oggettiva, non soggettiva).

[83] La privatizzazione delle carceri, ad esempio, non può non dar luogo a distorsioni nella misura in cui l'obiettivo dei gestori è il guadagno (e quello dello Stato il taglio della spesa); del pari, se i cittadini devono pagare, a parte, la loro sicurezza, le differenze sociali si accentuano ed il sogno della democrazia inclusiva sempre più lontano.

[84] Solo i possidenti vi pagavano tasse, a quel punto la tassazione, anche se proporzionale, aveva effetti non distorsivi paragonando le medie e le grandi proprietà (lasciando da parte piccole e grandissime dimensioni).

[85] Nel caso di tassazione basata sui flussi di reddito, invece, salvaguardata una parte considerata minima, vitale o necessaria, non poteva non ragionarsi in termini di un ragionevole aumento della pendenza della curva che esprime la pressione fiscale al crescere del reddito stesso.

[86] Quella per il funzionamento delle istituzioni e dei servizi pubblici essenziali.

(87) Dove non ci sono trasporti pubblici, scuola pubblica, sanità pubblica, ecc. e non c'è distribuzione del carico dell'incertezza e delle difficoltà della vita, si riscontrano situazioni in cui i poveri diventano sempre più poveri e la classe media difficilmente esiste.

(88) GALLONI G., 2008, pp. 224-5.

(89) Anche quando le piazze sono invase, se c'è un disegno logico e, quindi, un seguito, si tratta pur sempre di minoranze, significative, qualificate, organizzate: dopo un eventuale cambiamento, allora "il popolo" è chiamato a legittimare l'avvenuto (nella migliore delle ipotesi). Ovviamente, nulla impedisce di pensare che, nel futuro, le cose possano andare diversamente, ma occorrerebbe la concomitanza di una crisi vera con vuoto assoluto di potere ed il passaggio pacifico di esso in nuove mani. D'altra parte, il sistema inaugurato dalla Rivoluzione Francese, non apre a soluzioni stabili.

(90) Il percorso indicato dai cosiddetti neoconservatori e che, in qualche modo, si sta realizzando appare, appunto, questo: svuotare la democrazia di contenuti facendo leva sul fatto sia che le ferree leggi dell'economia e del mercato non lasciano margini di libertà alle scelte di welfare ed "ai lussi" della giustizia sociale, sia che la necessità di rendere più efficienti i processi rendono obsoleti o, comunque, pesanti e costosi, i metodi democratici. Curioso il rapporto dei liberisti e dei neoconservatori con la libertà: esaltata quando comporta l'oppressione dei popoli (ferrea legge del mercato e, quindi, del più forte), negletta se si tratta di utilizzare la poliedricità dell'economia per raggiungere obiettivi di miglioramento nelle condizioni di vita della gran parte delle persone. Curioso, altresì, che le logiche conservatrici "storiche" volessero far discendere il crisma della legittimità dalla discendenza sanguinea (o qualcosa del genere); fenomeni non così dinamici come quelli, mutuati dai moderni liberisti, persino anarcoidi e nihilisti, fino a negare il fondamentale principio della reciprocità tra i soggetti.

(91) Basato su alti salari, bassi tassi di interesse, bassa inflazione e bassa spesa pubblica (GALLONI N., 2014b, pp. 18-21).

(92) È stata abbandonata la sensibilità verso le problematiche della gran parte della popolazione (fino agli anni '50 e '60 dello scorso secolo, operai e contadini) per rivolgersi, quasi esclusivamente a minoranze, seppure non marginali, come gli omosessuali o gli immigrati che meritavano senz'altro attenzione, da ogni punto di vista, ma non esclusiva: ha giocato, forse, a favore di tale impostazione ritenere – erroneamente, come fu – che le risorse (pubbliche) erano divenute (artificiosamente!) scarse e che, quindi, bisognava essere selettivi?

(93) Come motivazione principale all'intrapresa; oggi, invece, abbiamo non solo milioni di persone che lavorano senza paga formale (volontari, casalinghe ecc.), ma anche milioni di imprese che non realizzano, sistematicamente,

un profitto vero e proprio (quanto resta al titolare/imprenditore dopo che ha pagato tutti i costi, compreso, alle condizioni correnti, il proprio).

(94) Con l'applicazione di tutte le moderne tecnologie nei campi delle fonti energetiche, dei rifiuti, dei trasporti, ecc. non ci sarebbero più problemi di sostenibilità demografica, certamente ai trend attualmente stimati; ovviamente, se si persiste nell'errore di non liberarsi delle vecchie tecniche – per un motivo o per l'altro - il problema demografico può venir sollevato, ma risulta fuorviante fermarsi al conteggio degli abitanti del pianeta.

(95) Alcune compagnie private captano l'acqua del polo nord e la rivendono a prezzi assai remunerativi.

(96) MARIANI 2015, sostiene: "Altro punto incontestabile è quello che, in poco più di un secolo, siamo passati da 290 ppm di CO2 a 445ppm"; ppm significa parti per milione.

(97) Tale strategia dovrebbe essere implementata con il ritorno alla solidarietà internazionale verso i Paesi più piccoli e deboli che hanno difficoltà con le importazioni necessarie.

(98) Certamente, non sarà più epoca di un consumismo sfrenato; vedi, ad esempio, AAVV 2015, pp. 5-56.

(99) MEADE 2014, POSITIVE MONEY 2014, p. 4, WERNER, 2014, p. 12.

(100) GALLONI N., 2014a, p.9 e sgg. e bibl. ivi citata.

(101) WERNER, 2014, p. 18.

(102) In passato, alcune tipologie di deposito ed i conti correnti potevano prevedere, addirittura, un provento per la banca, dovuto al fatto che quest'ultima garantiva, ai clienti, una sicurezza dai furti.

(103) Dal 2008 è la Banca Centrale che, non più in ultima istanza, ma ordinariamente, fornisce detta liquidità alle banche che non fanno le cattive.

(104) È una stima ottenuta paragonando i flussi derivanti dagli introiti delle banche al gettito tributario.

(105) Secondo alcuni sostenitori di tali tesi, come SABA 2015a e 2015b, anche facendoli transitare per le banche, imponendo loro una riserva pari al 100% dei prestiti ovvero totale "copertura" di questi ultimi.

(106) GALLONI N., 2003, pp. 43-72.

(107) Questa triplice circolazione monetaria è stata, nei secoli e millenni passati, la regola: oro per le transazioni internazionali ed il pagamento degli eserciti; argento nella regolazione delle proprietà immobiliari; bullione (senza alcun valore intrinseco) per i piccoli acquisti di tutti i giorni.

(108) Sulle sue origini GALLONI N., 2013, p. 18 e sgg.

(109) STORELLI, 2015, pp. 144-145.

(110) GALLONI N., 2013, p. 11 e sgg.

(111) Alla luce degli avvenimenti a scavalco tra anni '60 e '70, tuttavia, si può affermare che – a tale proposito – anche gli accordi di Bretton Woods sulla

parità tra dollaro e oro fossero solo formali e teorici, non tali da assicurare a tutti i "non residenti" la conversione: insomma, poteva già esser chiaro che esisteva una forte discrepanza tra legame con l'oro ed effettiva quantità di mezzi monetari (teoricamente convertibili fino al 1971).

(112) Nella realtà, la moneta bancaria non esiste finchè qualcuno non la reclama come cosa effettiva; ma la confusione tra il prestito, la moneta bancaria così creata e la moneta a corso legale appare alla base di tutta la nostra normale convivenza civile ed economica.

(113) Famiglie variamente colorate sapevano che, facendo iscrivere i propri componenti come disoccupati nelle relative liste ed ottenendo sussidi, realizzavano un reddito superiore a quanto sarebbe accaduto con un solo capofamiglia occupato, ovvero la coppia dei genitori che lavorava. Si disse, quindi, che il sistema dei sussidi disincentivava la ricerca di un normale lavoro e, quindi, si cominciò ad imporre la cancellazione dalle liste quando si fosse rifiutata un'opportunità offerta dal sistema.

(114) AA.VV 2015, p. 31 e sgg.

(115) Vedere la Speenhamland law del 1795 in Inghilterra.

(116) LERNER in COLANDER, 1983.

(117) Che punta alla massimizzazione nella quantità delle emissioni.

(118) Attraverso la collateralizzazione, il rating ed il conferimento di tali titoli, si ottiene liquidità scontata.

(119) Si parla di Paesi, come la Grecia, su cui l'accanimento allo scadimento del rating si accompagna a speculazioni (anche con strumenti derivati) che poi risultano particolarmente lucrose.

(120) Il comportamento delle agenzie di rating risente di un'arbitarietà spesso messa al servizio di brame speculative o politiche; ad esempio, la Procura di Trani ha aperto una vicenda giudiziaria importante ed altrettanto nota contro la Standards & Poor, ma le vicende di Argentina, Parmalat, ecc. parlano da sole.

(121) Ovviamente perché non ritengono che le prospettive vadano verso un panorama inflattivo, ma, appunto, deflattivo dove titoli monetari o la stessa base monetaria appaiono preferibili ad altre forme di tutela del capitale/risparmio.

(122) V. avanti, quando si cercherà di approfondire tale tipologia soprattutto nella prospettiva di un'uscita non traumatica dall'euro: GALLONI N., 2014b, p. 137 e sgg.

(123) La moneta esogena, statale, con efficacia immediata – "pro soluto" –pur rappresentando circa il 3% del totale (il resto è quasi tutta moneta bancaria endogena) può risultare scarsa se le autorità nazionali che la devono emettere propendono per politiche restrittive o, come nel caso dell'euro, abbandonano la sovranità stessa al proposito; in questo caso e nell'ipotesi

che ci siano restrizioni creditizie, i privati possono emettere una loro moneta fiduciaria "pro solvendo" (pure le pubbliche amministrazioni che si sono "degradate" al livello dei privati: su ciò GALLONI, 2013, pp. 10-43. Anche la finanza può sopperire, ad esempio collateralizzando crediti e titoli: il risultato, alla fine, può essere disastroso, ma ne vengono danneggiati solo i soggetti direttamente interessati.

(124) Monete alternative e complementari, cambiali sociali, banche del tempo, assegni postdatati ecc.

(125) Per la discussione di tale aspetto, vedi supra, in questo testo e, anche, il prossimo paragrafo 1.2.

(126) Vale a dire le scorte che non vanno confuse col risparmio e che sono necessarie alle operazioni individuali, amministrative e imprenditoriali.

(127) Ciascuno dovrebbe riconoscere il lavoro dell'altro consegnandogli una moneta che sarà riutilizzata, a sua volta, per acquisire altri beni e servizi. Ovviamente, potrebbe essere moneta intangibile, o, semplicemente, elettronica: FAGIOLI D., Progetto "eco-nom", 2015. Diventa cruciale la consapevolezza del fatto che, ognuno, deve chiedere lo stretto necessario perché, così, faranno tutti e non ci saranno né scarsità, né accumulo di beni non utilizzati.

(128) Una decrescita si è verificata, ad esempio, a livello occupazionale nella manifattura dove, addirittura in condizioni di aumento dell'output, si assiste ad una continua contrazione; ma ciò non toglie che vi sia crescita in altri comparti.

(129) Ovviamente, un bene, vale per il suo uso (funzione); quando la sua sostituzione è mossa da altre forze (ad esempio, il bisogno di dimostrare qualcosa ovvero di sopperire ad una carenza connessa allo "status sociale") allora si falsa la stessa obsolescenza tecnologica. Le stesse case produttrici inseriscono difetti appositamente per programmare una più rapida obsolescenza.

(130) Infatti, per frenare lo sviluppo industriale – erroneamente considerato la causa del surriscaldamento del pianeta – si vuole determinare un freno a tutta la struttura produttiva, col risultato che permangono le tecniche meno efficienti e più inquinanti: l'agricoltura, gli usi domestici e i trasporti inquinano di più dell'industria in senso stretto; l'anidride carbonica è una percentuale minima dei gas serra, al 98% circa formati da vapore acqueo senza il quale non avremmo sul pianeta una temperatura vivibile; al crescere della domanda di energia e, grazie alla piena introduzione delle tecnologie più avanzate (fusione ed altro), l'impatto ambientale per unità di prodotto, persona, impianto, abitazione tende a ridursi.

(131) Quando una certa tipologia di modello dà il nome al periodo, non vuol dire che gli altri siano scomparsi: solo, non sono più prevalenti.

(132) KISSINGER, 2015, p. 782-799.

(133) Nel passato, ad esempio, durante la guerra fredda, i missili strategici

erano pronti in caso di guerra come mossa estrema e, comunque, successiva all'escalation dalle armi convenzionali agli ordigni nucleari tattici che sarebbero stati utilizzati contro un'irrefrenabile avanzata di carri armati, nell'esempio, verso la Germania occidentale.

(134) Il convincimento che gli avversari non sarebbero in grado di rispondere alla pari ad un attacco nucleare particolarmente grave è alla base dei più avventuristici disegni neoconservatori; al contrario, il reciproco timore funge da moderatore circa l'inizio di ostilità incontrollabili nella dinamica e nelle conseguenze.

(135) Il fatto che il Presidente Truman, nel 1945, abbia ritenuto fondamentale il piano paneuropeo di Kalergi e che le derive neoconservatrici di un von Hayek abbiano trovato conferma nel percorso che va dal G7 di Tokyo – fine del principio di solidarietà tra gli Stati e proclamazione della prevalenza del mercato sulla stessa democrazia – ai trionfi dell'euro, non significa altro che le cose sono andate così: perché, infatti, la sinistra ha abbandonato il welfare universale, la centralità del lavoro, la strumentalità (e, quindi, la regolazione) del mercato per accettare, in fondo, le idee liberiste dei citati studiosi ed abbracciare una sorta di via finanziaria al socialismo, destinata al fallimento fin dal suo sorgere perché i grandi investitori istituzionali ed i fondi pensione altro erano se non una nuova versione dei proprietari dei mezzi di produzione con tutta la loro marcia arretratezza economica e culturale?

(136) O, più esattamente "manifesto" di Spinelli, Hirshmann, Rossi, Colorni già nel 1941 si erano posto il problema del superamento di un'Europa fatta di nazionalismi; ipotizzando la sconfitta della Germania, del nazismo e del fascismo ritennero prioritario uscire dall'alveo storico che aveva portato a tanti conflitti. Come è noto, gli Americani e gli Inglesi condivisero questa prospettiva che assumerà via via i colori ed i connotati dei Kalergi e dei von Hayek quando la stessa sinistra abbandonerà il keynesismo, la difesa dello Stato democratico, del Welfare universale, ecc.

(137) Io stesso, nel cortile del Ministero, pochi giorni prima dell'omicidio, espressi a Marco tutta la mia meraviglia per la mancata scorta. Che fosse un bersaglio lo sapevano tutti.

(138) L'immediata reazione dell'opinione pubblica e delle classi dirigenti occidentali corrispose ad un orientamento che avrebbe dovuto portare ad una riduzione della libertà di movimento per tutti i cittadini e di minore tolleranza nei confronti di chi non apparisse assolutamente allineato a principi e valori prevalenti.

(139) La sinistra di governo sembrava interessata solo a far buona figura all'estero appoggiando modelli finanziari e scelte poco diplomatiche voluti dai più forti

(140) La destra di governo godeva di un leader indiscusso che gli interessi

nazionali li avrebbe anche voluti fare, ma che si trovò – in tutti i momenti decisivi – a dover accettare quanto dall'estero gli si chiedeva, sotto il ricatto di azioni speculative devastanti circa la quotazione dei suoi titoli in borsa.

(141) Emanuele Levi suggerì a padre Spiazzi di farmi leggere "The Science of Christian Economy" di Lyndon LaRouche (1991) perché volevano sapere da me se ritenessi l'opera credibile nei suoi contenuti; riferii loro il mio entusiasmo per il testo e volli conoscerne l'autore con il quale nacque un intenso rapporto di amicizia, di reciproca stima e di collaborazione. Grazie a LaRouche ho conosciuto ottime persone, militanti sinceri, primi fra tutti sua moglie Helga Zepp e la segretaria di Martin Luther King, Amelia Robinson, più volte ospiti a casa mia, a Roma e che hanno ricambiato più volte tale ospitalità in Germania, Washington, Los Angeles.

(142) Ricordo alcuni viaggi in USA, organizzati per mio padre dai Repubblicani amici di Levi (chiedevo sempre ai Democristiani perché non tenessero più stretti rapporti coi Democratici) durante gli ultimi anni '70. Una volta, alla Chase Manhattan Bank, Wall Strett 1, all'inizio dell'era Komeini, ci fu l'incontro con David Rockefeller che esordì indicando "La nostra sorella la Libertà" (la statua era visibile da dove parlava Rokefeller), ma io mi trovavo vicino alla finestra e, quindi, lo interruppi dicendo: "Ma, veramente, da qui si vede che tra Wall Street e la Libertà, c'è di mezzo l'Oceano!". Successe un putiferio (mio padre era costernato e, tornato in Italia, lo riferì a mia madre che ribadì "Ha fatto benissimo, bravo!"), il Vicepresidente Scaglione sembrava volesse menarmi e non si calmò nemmeno quando gli dissi che, secondo me, dopo tanti errori, gli USA sarebbero finiti presto per cercare nell'Iran un alleato strategico nella regione; trent'anni dopo, sostenni la medesima tesi ad un convegno organizzato in Germania allo Schiller Institute da Helga Zepp ed ebbi i complimenti di Lyndon LaRouche per il mio "coraggio" ("Ogni volta che ti vedo mi rallegro e mi stupisco che non ti abbiano ancora fatto fuori!"). Oggi, quella mia previsione sta funzionando.

(143) Le opere di Giacinto Auriti meritano di essere lette con attenzione anche, se spesso, i suoi seguaci confondono la moneta simbolo e quella merce; spero, così, e per quello che scrivo più avanti nel testo, di rispondere anche alla lettera che, al proposito, mi ha scritto e pubblicato nel suo testo STORELLI, 2015, pp. 146-150.

(144) AA.VV 2007, pp. 824-8.

(145) Fino a poco prima di quel momento, inizio della crisi del 2008, il principale tasso di riferimento a breve era costituito dal libor che si formava in base allo scambio di liquidità tra istituti creditizi/finanziari; l'intervento delle Banche Centrali era solo di "ultima istanza". Ma molte banche grandi (la Deutsche, ad esempio, e non solo), consapevoli del fatto che, in seguito alla situazione di carenza di liquidità interbancaria seguita alla trasformazio-

ne delle Banche Centrali in "prestatrici di prima istanza", i tassi sarebbero crollati, scommisero coi debitori – soprattutto le pubbliche amministrazioni soggette al fiscal compact – emettendo derivati che, in caso di riduzione dei tassi, avrebbero comportato il pagamento al creditore di somme ingenti; apparentemente, il debitore si garantiva dal peso di una crescita degli interessi, in realtà le banche – spalleggiate da chi emetteva moneta elettronica (e non solo) a go go – ottennero l'equivalente di quanto i debitori avrebbero risparmiato per la caduta dei tassi. Gli impegni assunti con le scommesse sui derivati dalle pubbliche amministrazioni spiegano perché, dopo il 2008 ed il cambio di regime monetario, per molti anni il debito pubblico italiano abbia continuato a crescere benché la differenza tra le tasse e la spesa al netto degli interessi fosse sistematicamente positiva. PASSALI, 2013, spec. pp. 17-65.

(146) Capitalistico è qualunque sistema dove l'obiettivo principale degli operatori consista nella valorizzazione del denaro; a seconda di come ciò avviene si possono distinguere i vari "modelli": espansivo (fino al 1979); con alti tassi obbligazionari (1980-1992); finanziario classico (1992-2001); ultrafinanziario (2001-2008); ultrafinanziario collateralizzato (ad oggi).

(147) Il passaggio dalla prevalenza del capitalismo finanziario – che punta prioritariamente alla valorizzazione dei titoli in borsa – a quella del capitalismo ultrafinanziario (che, invece, non è interessato dalla natura o dalla redditività dei titoli, ma dalla massimizzazione delle sue emissioni), risulta veramente epocale. Senza un tale capitalismo, infatti, le banche universali non avrebbero potuto sostenere le ingenti perdite dovute al crollo dei titoli in borsa.

(148) In effetti, dopo il 2008, qualunque tipologia di titoli (fanno da traino quelli pubblici che rappresentano il caso più semplice con il cosiddetto quantitative easing) viene collateralizzata e lasciata alla Banca Centrale in cambio di liquidità. Come facciano, molti di questi titoli spazzatura ad ottenere un buon rating (negato a Stati per ragioni spesso più politiche che economiche), si può realizzare solo pensando male…

(149) La quotazione in borsa rappresenta sempre una trappola per l'attività produttiva reale: il capitale era già stato acquisito e la sua eventuale maggiore valorizzazione in borsa viene controbilanciata dalla perdita di autonomia (si è sottoposti ai capricci e ai ricatti degli speculatori); nei comparti innovativi e nuovi ci si espone alle bizzarrie della finanza quando i rendimenti dell'investimento sarebbero stati, comunque, elevati; nei comparti maturi e tradizionali (non nicchie) che rappresentano dal 70 all'80% di un'intera economia, l'unico modo per stare in borsa è quello di ridurre la base occupazionale e l'investimento stesso di più di quanto non occorra ridurre produzione e vendite. Al contrario, il capitalismo ultrafinanziario ignora e non si interessa a quanto avviene nell'economia reale.

(150) GALLONI N., 2015bis, n. 173 p. 22 e sgg., n. 174 p. 6 e sgg.

[151] Lo spread, infatti, si forma sul mercato secondario dove gli speculatori determinano il prezzo a loro capriccio; quindi, l'annuncio di tagli alla spesa può rivelarsi ancora più deleterio del caso opposto se gli speculatori lo decodificano come un'ammissione di debolezza, di problematicità.

[152] Quindi, simpatie o antipatie di ogni tipo e anche politiche consentono di pilotare la quotazione ovvero il rating dei titoli pubblici: AA.VV 2014, pp. 7-66.

[153] Nei casi Enron, Worldcom, Parmalat, Argentina, le agenzie di rating consigliarono acquisti dei titoli fino a pochi minuti prima dell'annuncio di crollo; che non poteva, in nessun modo, esser considerato imprevedibile da esperti. In ogni caso, nessuno dei responsabili di tali consulenze ha mai pagato in qualche modo.

[154] Mentre gli interessi si riducevano (con indubbio vantaggio per i prenditori con mutui a tasso variabile), la crisi e la contrazione del mercato immobiliare incastravano i mutuatari perché il valore commerciale del bene scendeva al di sotto di quello del debito residuo. Mentre le rate diventavano sempre più pesanti per la riduzione del welfare e la perdita di reddito in generale.

[155] Il richiamo alla sovranità (nazionale, monetaria, politica, alimentare, culturale) dello Stato e del popolo – che ha portato al successo solo la Marine Le Pen – non ha trovato un seguito entusiastico in Italia (anche se la Lega di Salvini sembrerebbe muoversi in tale direzione); in Inghilterra, i nazionalisti non hanno ottenuto i risultati sperati; in Scozia, gli indipendentisti non ce l'hanno fatta perché la gente è stata spaventata dallo spauracchio della perdita della moneta comune (nel caso, la sterlina), mentre l'avanzata in Catalogna non è apparsa così irresistibile benché il dibattito sull'euro sia stato tenuto fuori.

[156] Il fenomeno dei Forconi è stato interessante soprattutto per la rapidità della loro nascita (seguita, però, da un'altrettanto fulminea scomparsa) e per la loro capacità di far breccia nel muro omertoso della stampa e della televisione italiane. Qui è mancato il programma, il progetto ed anche l'organizzazione; ma si è trattato di un segnale importante per tutti, soprattutto di quanto un mondo agricolo fatto di imprese piccole o a conduzione familiare, trasportatori, lavoratori delle terre più penalizzate dal degrado infrastrutturale del Paese, possa far sentire la propria voce fuori dai canali partitici ed elettorali tradizionali.

[157] Contrariamente alla finanza tradizionale, qui si tratta di spingere verso infinito le emissioni, sostenendo le nuove per utilizzare le precedenti come collaterale.

[158] Per la cronaca, il numero di coloro che hanno espresso dubbi sull'euro è cresciuto costantemente anche perché vi era l'evidenza di un suo fallimento; in realtà esso è stato funzionale ai suoi scopi: la deflazione salariale, la scarsità

(conseguenza della moneta merce e non funzione), la eliminazione degli Stati nazionali e dei nazionalismi. Tuttavia, non soddisfa le esigenze dell'economia, al punto di suggerire vie di fuga e di salvezza fino ad ipotizzare piani al proposito. Quindi, il piano "a" potrebbe essere quello di un'uscita concordata dall'euro (GALLONI, 2014b, p. 137 e sgg.), magari sostenuta da Paesi grandi e forti onde minimizzare o, comunque, affrontare le forze della speculazione e dintorni; il piano "b" quello di un'uscita unilaterale e traumatica (op. ult. cit., p. 149 e sg) non senza assicurarsi adeguati appoggi internazionali (quello che la Grecia, alla fine, non è riuscita ad ottenere e che non aveva nemmeno preparato un gran che); un piano "c" consistente nell'affiancamento di altre monete all'euro che, pian piano, ne prendano il posto almeno a livello dell'uso quotidiano e prevalente in una determinata comunità. I piani "a" e "b" sarebbero molto interessanti, ma cozzano contro l'evidenza dell'euro, nato, anche, per deindustrializzare l'Italia (ma perché battersi per la moneta dopo che si sia perso tutto?) ed evitare ai Francesi l'onta di continue svalutazioni (quindi, l'unica sostenitrice seria dell'eurexit, la Marine Le Pen, è destinata alla sconfitta dall'elettorato d'oltralpe; casomai potrà sostenere una rivisitazione della moneta unica, appunto, un suo ridimensionamento, ma allora siamo di nuovo nel piano c).

(159) Ripubblicato in appendice a GALLONI N., 2014b, p. 159 e sgg.

(160) La deflazione salariale è sempre stato l'obiettivo centrale delle politiche neoconservatrici, dalla fine della solidarietà internazionale (1979), alla sostituzione della democrazia con la priorità del mercato, alla globalizzazione degli anni '90 e seguenti.

(161) Qui si entra in un argomento che va oltre gli obiettivi del presente testo: ciò che crediamo consolidato in una determinata cultura oggi o per il recente passato, è stato frutto di fusioni, incroci e movimenti lentissimi, ma inesorabili o di eventi e fatti rapidissimi o molto concentrati nel tempo. Di qui, non un relativismo etnico, ma la considerazione che le possibili derive del cambiamento portino a risultati di non certa valutazione e, pertanto, non necessariamente negativi; risultati che, nel futuro, saranno certamente giudicati come positivi da quelli che rimarranno.

(162) In realtà, gli Stati sono risultati snaturati, ma i Trattati prevedono il rifornimento di liquidità alle banche, anche pubbliche, che presentino titoli con adeguato (ma anche "addomesticato") rating.

(163) Unica eccezione, un Paese dell'euro non aderente all'Unione Europea, la Repubblica di San Marino che ha subito un peggioramento del già limitativo precedente accordo con lo Stato mussoliniano: non potevano emettere alcuna valuta, ad eccezione di quella strettamente aurea.

(164) CAMERA DEI DEPUTATI, Proposta di legge n. 2582 "Delega al Governo per la disciplina dell'emissione e della circolazione delle monete comple-

mentari", di iniziativa dei deputati BOCCADUTRI e altri 12, 30 luglio 2014.

(165) Da una parte, la Grecia non aveva e non ha alcuna possibilità di affrontare la propria situazione se non ritornando ad una moneta nazionale, utilizzare la leva del cambio, riqualificando le sue produzioni agricole e turistiche; l'Europa avrebbe dovuto e potuto aiutarla; la Cina e la Russia in alternativa, altrettanto. Ma nulla di ciò si è verificato per le ragioni che si è cercato di descrivere in precedenza.

(166) Le banche non vogliono la separazione tra finanza e credito per sfruttare le circostanze legate alle emissioni di titoli (sicuri) del debito pubblico; se si tornasse all'acquisto da parte della Banca Centrale, potrebbe vacillare il presupposto della attuale moneta merce basata sulla sua artificiosa scarsità. Senza scarsità e moneta merce, anche la moneta debito perderebbe di fondamento.

(167) Servizi di cura delle persone e dell'ambiente; training ai vari livelli, salvo l'applicazione – dove e possibile e ragionevole – di tecnologie appropriate, es. informatiche.

(168) Monete complementari, moneta fiduciaria, meccanismi di compensazione dei crediti e di soluzione negoziata delle controversie economiche, banche del tempo, barter…

(169) È probabile che molta farina del sacco di Jannis Varoufakis sia stata macinata al MIT e in ambienti vicini al Club di Roma; ma se questi ultimi si appropriano di strumenti che, storicamente, sono stati alla base dell'economia, vuol solo dire che essi funzionano non che fanno parte di un progetto conservatore ed opposto a quello di ripristinare centralità dell'uomo, sovranità politica e monetaria della gente e via dicendo.

Riferimenti bibliografici

ANDREATTA N., Il dibattito delle comari, Il Sole 24 Ore, Economia e Lavoro del 26 luglio 1991.

AAVV, Federico Caffè. Un economista per gli uomini comuni, Ediesse, Roma, 2007.

AAVV, Piano di rilancio dell'economia italiana in attesa del ritorno alla lira, Edizioni Sì, Cesena, 2015.

AAVV, Un golpe chiamato rating, Controcorrente, Milano, 2014.

COLANDER D. (Editor), Selected Economic Writings of Abba P. Lerner, New York University Press, New York, 1983.

CARLI G., Cinquant'anni di vita italiana, Laterza, Bari, 1993.

CRAXI B., La notte di Sigonella (a cura della Fondazione Craxi), Mondadori, Milano, 2015.

FITOUSSI J. P., tr. it., Il dibattito proibito, Il Mulino, Bologna 1997

GALBRAITH J. K., The New Industrial State, Houghton Miffin co., Boston, 1967.

GALBRAITH J. K., tr. it., L'età dell'incertezza, Mondadori, Milano, 1978.

GALBRAITH J. K., tr. it., La natura della povertà di massa, Mondadori, Milano, 1980.

GALLONI G., 30 anni con Moro, Editori Riuniti, Roma, 2008..

GALLONI N., Dopo lo sviluppo sostenibile. L'ambiente come obiettivo, la crescita come vincolo, Palomar Editore, Bari, 2002.

GALLONI N., Il mito della scarsità, Enne Effe, n.10 del 2003.

GALLONI N., Il grande mutuo – Le ragioni profonde della prossima crisi finanziaria, Editori Riuniti, Roma, 2007.

GALLONI N., Moneta e società. Gli effetti sociali delle politiche monetarie, Edizioni Sì, Cesena, 2013.

GALLONI N., Il futuro della banca – Lineamenti di teoria bancaria e finanziaria, The future of banking – Lineaments of banking and financial theory, Eurilink, Roma, 2014a.

GALLONI N., Chi ha tradito l'economia italiana?, Quinta Edizione, Editori Riuniti, Roma, 2014b.

GALLONI N., Introduzione a LIETAER ed altri, tr.it., Moneta e Sostenibilità: l'Anello Mancante, Andromeda, Roma, 2015.

GALLONI N., La banca universale e i tassi di interesse n.173 e 174 di Dirigenza Bancaria 2015bis.

GRAZIANI A., La teoria del circuito monetario, Jaka Book, Milano, 1996.

KALDOR N., A Model of Economic Growth, Economic Journal, dec. 1957.

KINDLEBERGER C.P., A Financial History of Western Europe, G.Allen & Unwin, London, 1984.

KISSINGER H., tr.it. Ordine Mondiale, Mondadori (digitale), Milano, 2015.

LAROUCHE L.H., The Science of Christian Economy, Schiller Institute, Washington DC, 1991.

LEON P., Il capitalismo e lo Stato. Crisi e trasformazione delle strutture economiche, Castelvecchi, Roma, 2014.

LEVI E.–GALLONI N., La moneta al servizio dell'uomo, Edizioni Dehoniane, Roma, 1988.

LIETAER B. ed altri, tr.it., Moneta e sostenibilità: l'anello mancante, Andromeda, Roma, 2015.

LIVIGNI B., Il grande gioco del petrolio, Mursia, Milano, 2013.

MARIANI F., Perché il ghiaccio del polo nord va fondendosi rapidamente, mentre quello del polo sud, in alcune zone, cresce?, AKinforma, n. 30 del 2015.

MEADE D., UK Parliament will debate money creation for the first time in 170 years, Nov.5, 2015.

PASSALI G. – GALLONI N., Eurocidio, Associazione Copernico, Roma 2013

POSITIVE MONEY, Note for Editors n.1, Nov.21, 2014.

SABA M., www.scribd.com/doc/280218357/Second-reply-to-my-open-letter-to-JUNKER 2015a.

SABA M., www.scribd.com/doc/282354887/Open-Letter-to-EC-Commissioner-Moscovici 2015b.

STORELLI D., Alchemy. Moneta, Valore, Rapporto tra le parti, Sovera Edizioni, Roma, 2015.

WERNER R.A., Can banks individually creating money out of nothing?, International Review of Financial Analysis 36-2014.

Dello stesso Editore

ITALIA / ITALIE

1. Rosario De Luca, *Comunicare le professioni*, prefazione di Ferruccio de Bortoli
2. Marina Calderone, *Il lavoro che vorrei*, prefazione di don Luigi Ciotti
3. Rosario De Luca, *Professionisti privilegiati e parassiti. La grande mistificazione*, prefazione di Paolo Panerai
4. Giuseppe Jogna, *La grande opportunità*, prefazione di Alberto F. De Toni
5. Stefano Zanaboni, *Per una Repubblica fondata sul lavoro*
6. Rosario De Luca, *Lavoro e professioni nell'era dei social media*, prefazione di Angelo Maria Perrino
7. Fabrizio Vangelista, *La politica salvata dai bambini*, prefazione di Gianni Cuperlo

ITALIA / ITALIE - eXtra

1. Anna Acampora - Marisa Marraffino, *Multe? No, grazie!*

2. Lucia Tilde Ingrosso - Giuliano Pavone, *Milano per i tuoi bambini. 265 idee per crescere bene in città*

3. *Milano come Lampedusa? Dossier sull'emergenza siriana*, a cura di Pierfrancesco Majorino e Caterina Sarfatti

4. Irene Vella - Roberta Giovinazzo, *Nati sotto il segno del cavolo. Manuale di sopravvivenza per mamme che si sentono sbagliate*

5. Claudio Nutrito, *Quant'altro. Parole di salvataggio per parlare senza dire niente*

6. Paolo Biglioli - Paola Salvadori, *Ho visto cose che noi umani*

7. Bruno Capponi, *Salviamo la giustizia civile*

8. Lamberto Bertolé, *Il miele e l'aceto. La sfida educativa dell'adolescenza*, prefazione di don Gino Rigoldi

9. Giovanna Caldara - Antonella De Minico, *Ristoranti a Milano 100 chef imperdibili in città*, prefazione di Sonia Peronaci

10. *Expo della dignità*, a cura di Stefano Catone e Marco Boschini, prefazione di Giuseppe Civati

11. Antonino Galloni, *L'economia imperfetta. Catastrofe del capitalismo o rivincita del lavoro?*

CALIBRO 9
GIALLI E NOIR METROPOLITANI

1. Aa. Vv., *Un giorno a Milano*, prefazione di Andrea G. Pinketts
2. Matteo Bortolotti, *L'ora nera*
3. Riccardo Brun, *L'assedio*
4. Aa. Vv., *Appuntamento con il male*
5. Stefano Di Marino, *Tutti all'inferno*
6. Aa. Vv., *Delitti d'estate*
7. Aa. Vv., *Fischio finale*
8. Ferdinando Pastori, *Il vizio di Caino*
9. Aa. Vv., *Una notte a Milano*
10. Aa. Vv., *Roma a mano armata*
11. Paolo Grugni, *L'Antiesorcista*
12. Gianluca Ferraris, *A Milano nessuno è innocente*
13. Aa. Vv., *Genova criminale*
14. Giuseppe Foderaro, *Anche gli angeli mangiano kebab*
15. Aa. Vv., *Crimini sotto il sole*
16. Eugenio Tornaghi, *La pesca dello spada*

VERSUS

giuristi raccontano

1. Bruno Capponi, *Chi nasce quadro può morire tondo*
2. Guido Marcelli, *Cercando Kafka*
3. Massimo Ferro, *Misericordiae (8.38)*
4. Gennaro Francione, *I delitti dei Beati Padri di Mazzarino*
5. Bruno Capponi, *Il concorso*
6. Umberto Apice, *Questa conoscenza ultima*
7. Massimo Ferro, *Non avrai le mie parole*
8. Umberto Apice, *Anni e disinganni*
9. Michele Navarra, *Solo la verità*

Professionale

1. Sergio Ricci, *Codice del Non Profit 2014*
2. Riccardo Bauer, *Codice Civile 2015*
3. Riccardo Bauer, *Codice Tributario 2015*

Finito di stampare nel mese di novembre 2015
resso Geca Srl – San Giuliano Milanese (MI)